Estrategias para el Éxito en el Comercio Electrónico

Rubén Fox

Preámbulo

Este libro va a contracorriente de lo ya establecido por otros autores, pues no habla de programación o del diseño de una tienda en línea. En el Comercio Electrónico eso NO es el punto principal, sino los **Clientes**.

A lo largo de mi experiencia he visto portales feos, otros peores, pero que venden sin parar.

¿Cual es la razón? Ellos saben atraer a los Clientes.

En este libro hablamos principalmente de las técnicas y estrategias para encontrar Clientes, poco importa la plataforma que utilicen para su Tienda en Línea; tomen en cuenta que lo más importante es **vender**.

En la frase "Comercio Electrónico" tenemos la palabra COMERCIO, es decir, intercamblo de mercancía por dinero. Para lograr esto, necesitamos Clientes; de esta manera nos concentraremos unicamente en ése tema.

Así pues, vayamos al grano y descubramos las técnicas que utilizan los sitios web que van a buscar al Cliente ahí, donde se encuentra y no esperan a que el prospecto llegue.

Índice

El Éxito en el Comercio Electrónico

El comercio electrónico es un mundo dinámico y competitivo donde una estrategia adecuada es esencial para lograr captar prospectos y convertirlos en Clientes. En este primer capítulo, veremos lo que es realmente el Comercio en Línea de una manera global antes de adentrarnos en los detalles de cada estrategia que nos permitirán vender en línea; desde la creación de un sistema de ventas hasta la automatización de procesos, te guiaremos a través de los pasos clave para facilitar el crecimiento de tu tienda en línea.

Paso 1: *Crea un Sistema de Ventas Efectivo*

Antes de dar luz verde a tu campaña de comercio electrónico, es fundamental establecer un sólido sistema de ventas. Esto implica definir claramente tus objetivos y estrategias para atraer prospectos y convertirlos en clientes.

Paso 2: *Crea una Cuenta Especial en Gmail*

Para gestionar eficientemente las comunicaciones relacionadas con tus ventas en línea, te recomendamos crear una cuenta de Gmail específica para esta actividad. Esto te ayudará a mantener un registro organizado de todos los correos electrónicos relacionados con las ventas.

Paso 3: *Crea un Mapa Mental y Visualiza tu Campaña*

En todo tipo de proyecto, es importante tener el concepto claro, es por esta razón que es útil crear un mapa mental. Esto te permitirá tener una visión global de tu estrategia, identificar áreas de mejora y asegurarte de que estás cubriendo todas las bases.

Paso 4: *¿Necesito Tanta Preparación?*

Algunos pueden preguntarse si es realmente necesario invertir tiempo en la preparación antes de comenzar a vender en línea. La respuesta es un SÍ rotundo. Una planificación sólida es la base del éxito en el comercio electrónico.

Paso 5: *Un Sistema de Ventas Útil*

Un sistema de ventas bien estructurado te permite seguir de cerca todas las etapas del proceso de ventas. Sin él, podrían pasarse por alto detalles importantes que afectarán tus resultados.

Paso 6: ¿Por Qué Necesito Otra Cuenta Gmail?

Aunque tengas una cuenta Gmail de uso personal, es aconsejable tener una cuenta profesional separada para tus actividades de ventas en línea. Esto garantiza una separación clara entre tus asuntos personales y comerciales.

Paso 7: Ventas Directas vs. Automatización

Contactar personalmente a cada cliente y proponer productos o servicios puede ser agotador y consumir mucho tiempo. Automatizar procesos te permite liberar tiempo para atender mejor a tus clientes y tu negocio en general.

Paso 8: Automatiza tu Negocio

La automatización de tu negocio en línea es la solución ideal, ésto te permite ampliar tus contactos, de manera desatendida atender a tus clientes de manera más efectiva y dedicar tiempo a la promoción de tus productos en las redes sociales.

Paso 9: Implementa un Sistema de Ventas

La solución definitiva para la preparación de tu campaña de comercio electrónico es la implementación de un sistema de ventas. Esto te permitirá automatizar varias etapas cruciales, optimizar tus procesos y mejorar la eficiencia de tu negocio.

Paso 10: *Gmail Gratuito y Eficaz*

Tu cuenta de Gmail de trabajo es una herramienta valiosa para crear un sistema de ventas completo. Además, Gmail es una plataforma gratuita que ofrece un amplio conjunto de herramientas para gestionar tu comunicación de ventas.

Paso 11: *Utiliza Google Sites y Crea tu Página de Ventas*

Google Sites es una plataforma sencilla y efectiva para crear una página de ventas atractiva. Es aquí donde tus prospectos llegarán desde correos electrónicos, redes sociales u otros canales.

Paso 12: *Potencia tu Canal en YouTube*

Los videos son una herramienta poderosa para promocionar tus productos y explicar su funcionamiento. Utiliza tu canal en YouTube para llegar a una audiencia más amplia y comprometer a tus clientes potenciales.

Paso 13: *Gestiona los Pedidos de Forma Eficiente*

Cuando un cliente realice un pago, es crucial que tanto tú como tu cliente reciban notificaciones adecuadas.

Automatiza este proceso para garantizar una experiencia fluida para tus clientes.

Paso 14: *El Rol del Mapa Mental*

Utiliza el mapa mental que creaste al principio para identificar y automatizar la mayoría de las etapas de tu proceso de ventas. La automatización te permite ahorrar tiempo y recursos.

Paso 15: *Enfoque en el Crecimiento*

La automatización te brinda la ventaja de tener más tiempo y recursos disponibles para atender y desarrollar tu negocio. Puedes centrarte en la mejora continua y la expansión.

Antes de lanzar tu campaña

La preparación estratégica es esencial antes de lanzar una campaña de comercio electrónico. En algunos momentos pensarás que repetimos frases y conceptos, pero es normal; nuestro deseo es que dichos conceptos queden claros, por eso encontrarás que mencionamos varias veces los procesos de ventas. Recuerda que la preparación adecuada te permite maximizar las ventas y ofrecer una experiencia excepcional a tus clientes.

Estamos aquí para Vender

Este libro está diseñado para aquellos que ya tienen un negocio en línea y desean llevarlo al siguiente nivel, aumentando sus ventas y expandiendo su alcance. Descubriremos los secretos que utilizan las grandes corporaciones para tener éxito en periodos clave del año, como el Día de las Madres, el Día de los Novios y las festividades de fin de año, entre otros.

Cómo Preparar el Terreno

Antes de lanzar una campaña, es esencial considerar varios puntos clave. Aprenderás a preparar tu 'funnel' de ventas para que esté listo para guiar a tus clientes. Descubrirás consejos para tener tus ofertas en línea y otras estrategias que facilitarán tus ventas en tu tienda en la web.

El Poder de la Plataforma de Ventas

Incluso si ya tienes un proyecto web en marcha, necesitas una plataforma de ventas efectiva para dirigir el tráfico adecuado a tus ofertas. Aprenderás dónde y por qué debes crear tus páginas de ventas y cómo atraer tráfico directamente a tus productos. Además, juntos exploraremos la creación de un catálogo virtual en línea para mostrar tus productos de manera atractiva.

Obtención de Bases de Datos y Email Marketing

El secreto absoluto del comercio electrónico es tener a quién venderle. En esta libro, desvelaremos técnicas efectivas para obtener bases de datos de clientes potenciales. Descubrirás cómo identificar y alcanzar a tu audiencia objetivo de manera precisa.

Email Marketing - Tu Arma Absoluta de Venta

Sumérgete en el universo del email marketing para que descubras todo el proceso de ventas por correo electrónico; desde la creación de campañas efectivas hasta la entrega de mensajes sin riesgo de ser marcado como spam. Esta libro te ayudará a aprovechar al máximo esta poderosa herramienta de ventas.

Utilizando YouTube para Potenciar tu Negocio

Descubre también cómo YouTube puede convertirse en una poderosa herramienta de ventas para tu negocio. Aprende a conectarlo con tus redes sociales, con tu página de ventas y todas tus plataformas de comunicación para aumentar tu presencia en línea y llegar a una audiencia más amplia.

Podcasts y Webinars para Promover tus Productos

Aprende cómo comunicar de manera efectiva los beneficios de tus productos a tus prospectos. Exploraremos cómo utilizar podcasts y webinars para proporcionar información valiosa y demostrar cómo utilizar tus productos y servicios. Esto te ayudará a crear una experiencia de usuario enriquecedora y así aumentar tus ventas.

Expande tus Horizontes con los Marketplaces

Una vez que hayas establecido tu tienda en línea y tu vitrina virtual, es hora de expandir tus horizontes. Aprenderás cómo abrir sucursales en diversos mercados en línea, donde los internautas realizan sus compras. Esto te permitirá llegar a nuevos clientes y aumentar tus ventas en una escala global.

Este libro te brindará las herramientas y estrategias necesarias para llevar tus ventas al siguiente nivel y construir un proyecto de comercio electrónico exitoso y sustentable.

Crea una Página de Ventas Efectiva

¿Qué es una Página de Ventas?

Una página de ventas es una página web diseñada específicamente para convencer a los visitantes de que tomen una acción deseada, generalmente comprar un producto o servicio. Es el lugar donde los prospectos potenciales aterrizan después de hacer clic en un enlace en un correo electrónico, desde una red social o desde un canal de YouTube. La página de ventas tiene un propósito claro: convertir visitantes en clientes.

Los Tres Elementos Clave de una Página de Ventas Efectiva

Crear una página de ventas efectiva no es una tarea trivial. Se basa en la comprensión de la psicología del consumidor y la persuasión. Aquí están los tres elementos clave que componen una página de ventas efectiva:

1) Detección del Problema

La primera parte de una página de ventas efectiva se centra en identificar y conectar con el problema que enfrenta el prospecto. Esto puede ser un problema real que están experimentando o una necesidad no satisfecha que desean resolver. El objetivo es crear empatía y mostrar que comprendes su situación.

Imagina que estás vendiendo software de gestión financiera. Tu página de ventas podría comenzar identificando el problema común de la gestión financiera manual: errores, pérdida de tiempo y falta de control. Al hacerlo, te conectas con las frustraciones y desafíos que enfrentan tus prospectos.

2) Explica cómo funcionaría el mundo si ése problema no existiese

Después de identificar el problema, es hora de pintar un cuadro vívido de cómo sería la vida de tus prospectos si ese problema desapareciera. Aquí es donde puedes utilizar historias, ejemplos y estadísticas para mostrar los beneficios de tu producto o servicio.

Siguiendo el ejemplo del software de gestión financiera, podrías describir cómo la automatización ahorra tiempo, reduce errores y proporciona informes claros y precisos. Puedes presentar casos de éxito de otros clientes que han experimentado mejoras significativas en sus finanzas gracias a tu solución.

3) *Presentación de la Solución (Tu Producto o Servicio)*

Finalmente, llegamos al corazón de la página de ventas: la presentación de tu producto o servicio como la solución al problema. Debes destacar las características y beneficios clave y explicar por qué tu oferta es única y superior a las alternativas disponibles.

En el caso del software de gestión financiera, esta es la sección donde detallas las características específicas del software, cómo se integra con las necesidades del usuario y por qué es la mejor opción en el mercado.

El Poder de una Página de Ventas Bien Diseñada

Una página de ventas bien diseñada puede ser una herramienta poderosa para tu negocio en línea. Aquí hay algunas razones por las que es esencial:

1) Maximiza la Conversión

El objetivo principal de una página de ventas es convertir visitantes en clientes. Al seguir la estructura de detección del problema, explicación de cómo funcionaría todo y presentación de la solución, aumentas significativamente las posibilidades de que los visitantes tomen la acción deseada.

2) Personalización

Una página de ventas te permite adaptar tu mensaje a un público específico. Puedes crear diferentes páginas de ventas para diferentes segmentos de tu audiencia, lo que aumenta la relevancia y la efectividad de tu marketing.

3) Medición y Optimización

Una de las ventajas del marketing en línea es la capacidad de medir y optimizar continuamente. Con una página de ventas, puedes rastrear las tasas de conversión y realizar pruebas A/B para mejorar constantemente tu mensaje y diseño.

Pasos para Crear una Página de Ventas Efectiva

Ahora que comprendes los elementos clave de una página de ventas, aquí tienes una guía paso a paso para crear una página de ventas efectiva:

Paso 1: Define tu Público Objetivo

Antes de comenzar, debes tener una comprensión clara de quiénes son tus prospectos y cuáles son sus problemas y necesidades. Cuanto mejor conozcas a tu audiencia, más efectiva será tu página de ventas.

Paso 2: Diseña la Estructura

Utiliza la estructura de detección del problema, explicación de cómo funcionaría todo y presentación de la solución como base. Organiza tus ideas y crea una narrativa convincente.

Paso 3: Desarrolla Contenido de Calidad

Escribe contenido de alta calidad que resuene con tu audiencia. Utiliza un lenguaje claro y convincente. Incluye testimonios, ejemplos y pruebas sociales cuando sea posible.

Paso 4: Diseña la Página

El diseño de la página también es crucial. Debe ser limpio, fácil de navegar y atractivo visualmente. Utiliza imágenes y gráficos de alta calidad para respaldar tu mensaje.

Paso 5: Llamado a la Acción (CTA)

Incluye un llamado a la acción claro y visible. Puede ser un botón que invite a comprar, suscribirse o tomar cualquier acción que desees que los visitantes realicen.

Paso 6: Pruebas y Optimización

Una vez que tu página de ventas esté en línea, realiza pruebas A/B para mejorar la conversión. Experimenta con diferentes titulares, copias y elementos visuales para ver qué funciona mejor.

Growth Hacking

Utiliza Bases de Datos de Correo Electrónico de Manera Efectiva

El correo electrónico sigue siendo una herramienta poderosa para llegar a clientes potenciales y promocionar tus productos o servicios, las técnicas de Growth Hacking pueden ayudarte a conseguir bases de datos (BDD).

¿Qué son las Bases de Datos de Correo Electrónico?

Las bases de datos de correo electrónico son compilaciones de direcciones de correo electrónico que pueden ser utilizadas para enviar mensajes promocionales, boletines informativos, ofertas especiales y más. Construir una lista de correo electrónico sólida es fundamental para cualquier negocio en línea, ya que te permite llegar a tu audiencia de manera directa y personal.

Construye una Lista de Correo Electrónico

Construir una lista de correo electrónico a partir de cero puede ser un proceso lento y desafiante. Se requiere tiempo y esfuerzo para atraer a visitantes a tu sitio web, convencerlos de que se suscriban y, finalmente, obtener sus direcciones de correo electrónico. Además, las tasas de conversión pueden ser bajas, y es posible que solo un pequeño porcentaje de tus visitantes se conviertan en suscriptores.

Métodos de Growth Hacking para Construir tu Lista de Correo Electrónico

Aquí hay dos enfoques de Growth Hacking que puedes considerar para adquirir bases de datos de correo electrónico de manera efectiva:

1) Búsqueda de Direcciones de Correo Electrónico en Google

Una técnica común es utilizar motores de búsqueda como Google para encontrar documentos en línea que contengan direcciones de correo electrónico. Una vez que identifiques estos documentos, puedes extraer las direcciones y guardarlas en un documento Excel u otra herramienta equivalente para su uso posterior.

2) Utilizar Regalos Digitales (Lead Magnets)

Otra estrategia es ofrecer regalos digitales, como ebooks, plantillas, o recursos exclusivos, a cambio de las direcciones de correo electrónico de tus visitantes. Cuando un visitante descarga tu regalo digital, se le pide que deje su dirección de correo electrónico. Esto te permite construir una lista de suscriptores interesados en tu contenido o productos.

La Importancia de una Lista de Correo Electrónico de Calidad

Si bien es posible adquirir bases de datos de correo electrónico a través de estas técnicas de Growth Hacking, es crucial recordar que los envíos masivos pueden proporcionarte un cierto número de prospectos. Una lista de correo electrónico llena de direcciones obtenidas sin el consentimiento de los propietarios puede dañar tu reputación y tu capacidad para entregar tus mensajes a la bandeja de entrada de tus suscriptores.

Envíos masivos

En algunas empresas habíamos implementado una política de envíos masivos (100,000 por mes), muchas de esas direcciones fueron encontradas por medio de técnicas de Growth Hacking. Los envíos eran lo que se llama "Envíos en Frío". Algunas personas reaccionaban de manera agresiva y nos amenazaban de poner una denuncia, lo que nos llevó a encontrar procesos que no pusieran en peligro nuestros servidores o que nos suspendan el servicio. El resultado siempre fue un número considerable de suscripciones a nuestros servicios.

La Ética en el Growth Hacking

Es esencial utilizar estas técnicas de Growth Hacking de manera ética y legal. Asegúrate de cumplir con las leyes de privacidad de datos y obtener el consentimiento de las personas antes de enviarles mensajes comerciales. El respeto por la privacidad y la transparencia son clave en el marketing por correo electrónico.

Importante a saber:

Enviar un correo electrónico a un particular sin que lo solicite, se considera SPAM; enviarlo a una empresa sin que lo solicite, es considerado como PROPUESTA COMERCIAL (BtoB)

Crea una Plantilla Atractiva

La primera impresión lo es todo. Puedes tener un mensaje conmovedor y valioso para tus prospectos, pero si la presentación es pésima, es probable que tu correo electrónico sea ignorado por completo. Es por eso que crear una plantilla de correo electrónico atractiva es una condición indispensable para tener éxito en las ventas en línea.

La Importancia de una Plantilla Atractiva

Imagina que tienes un producto o servicio increíble que realmente puede mejorar la vida de tus clientes. Quieres compartirlo con el mundo a través de un correo electrónico, pero si tu correo electrónico no se destaca, es probable que termine en la bandeja de spam o sea ignorado.

Una plantilla atractiva no solo hace que tu correo electrónico sea más agradable a la vista, sino que también comunica profesionalismo y confianza. Cuando los destinatarios ven un correo electrónico bien diseñado, es más probable que lo abran y presten atención a tu mensaje.

Crea una Plantilla de Correo Electrónico Atractiva

Aquí hay algunos pasos clave para diseñar una plantilla de correo electrónico que sea atractiva y efectiva:

1) Agrega un Título Impactante

El título de tu correo electrónico es la primera cosa que tus destinatarios verán, por lo que debe ser llamativo y capaz de captar la curiosidad. Puedes utilizar enfoques creativos como:

- Algo divertido: 'Esta señora ganó un millón con este simple sistema'.

- Conmovedor: 'Ayúdanos en nuestra lucha contra la violencia'.

- Curioso: 'Nunca creerás cómo vive Juan Pérez en esta hacienda'.

- Grandioso: 'Secreto de las pirámides revelado, léelo aquí'.

- Polémico: 'Juan Pérez está a punto de perder su fortuna, descubre aquí la causa'.

Estos títulos pueden parecer exagerados, pero sirven como ejemplos de cómo llamar la atención de tus prospectos desde el principio. La idea es que, con una rápida lectura, el destinatario comprenda que tu producto o servicio es algo extraordinario.

2) *Diseña una Estructura Limpia y Atractiva*

La apariencia visual de tu correo electrónico es crucial. Utiliza una estructura limpia y organizada que facilite la lectura. Evita el desorden y asegúrate de que tus imágenes y texto se vean profesionales en todos los dispositivos, incluidos teléfonos móviles y computadoras de escritorio.

3) *Utiliza Colores y Tipografías Atractivas*

Elige colores y tipografías que sean coherentes con tu marca y que atraigan la atención de manera positiva. Los colores pueden influir en las emociones de tus destinatarios, así que elige sabiamente.

4) *Incluye Imágenes Relevantes*

Las imágenes pueden agregar un toque visual atractivo a tu correo electrónico. Asegúrate de que las imágenes sean de alta calidad y relevantes para tu mensaje. Evita el exceso de imágenes para que el correo no se vea sobrecargado. Estamos en la época Web 3.0...

5) Utiliza un Llamado a la Acción Claro (CTA)

No olvides incluir un CTA claro y llamativo que invite a tus destinatarios a tomar la acción que deseas. Esto podría ser 'Comprar Ahora', 'Suscribirse', 'Descargar' o cualquier otra acción relevante para tu objetivo.

6) Prueba y Optimiza

Después de enviar tu correo electrónico, realiza un seguimiento de las métricas de apertura y clics. Esto te ayudará a comprender qué elementos de tu plantilla funcionan mejor y qué necesita mejoras. Continúa optimizando tu plantilla con el tiempo para aumentar la efectividad de tus campañas.

Facilita la Experiencia de Compra en Línea para tus Clientes

En el comercio electrónico, la facilidad de navegación y la experiencia del cliente son fundamentales para el éxito de cualquier negocio en línea. Una regla que se ha vuelto esencial en este contexto es la 'Regla de los Tres Clics'.

¿Qué es la Regla de los Tres Clics?

La Regla de los Tres Clics es una directriz de diseño web que sostiene que un visitante de tu sitio web o plataforma en línea debe poder llegar a cualquier página o recurso deseado en solo tres clics o menos. En otras palabras, se trata de hacer que la navegación por tu sitio sea lo más intuitiva y eficiente posible.

Facilitando la Experiencia de Compra

Aplicar la Regla de los Tres Clics en el contexto del comercio electrónico significa que tus clientes deben poder encontrar y comprar tus productos o servicios en solo tres clics desde cualquier punto de origen, ya sea un correo electrónico, una red social o un mensaje de WhatsApp.

1) Desde un Correo Electrónico

Imagina que un cliente llega a tu sitio web a través de un correo electrónico promocional que has enviado. Siguiendo la Regla de los Tres Clics, deben ser dirigidos de manera eficiente a la página de ventas del producto que se mencionó en el correo y, finalmente, a la página del producto donde puedan realizar la compra. Esto asegura que el proceso de compra sea directo y sin obstáculos.

2) Desde una Red Social

Si tus clientes llegan a tu sitio desde una de tus redes sociales, la Regla de los Tres Clics también se aplica.

Deben ser dirigidos rápidamente a la ficha del producto que se anunció en la red social y luego al carrito de compras para completar la compra. Esto evita la pérdida de interés y aumenta la probabilidad de conversión.

3) Desde un Mensaje de WhatsApp

Incluso desde un mensaje de WhatsApp, la Regla de los Tres Clics puede aplicarse eficazmente. Los clientes deben ser llevados desde el mensaje de WhatsApp a la página de ventas y luego a la página del producto donde puedan realizar la compra sin complicaciones.

La Importancia de la Coherencia

Un aspecto crítico de la aplicación de la Regla de los Tres Clics es mantener la coherencia en la experiencia del usuario. No debes ofrecer a los clientes productos o servicios diferentes a los que vinieron a buscar. Si en tu página de ventas mostraste un producto específico, dirígelos directamente a la ficha de ese producto y no los lleves a otro lugar donde puedan confundirse.

Evita la Sobrecarga de Información

Es importante evitar la sobrecarga de información y pasos innecesarios. Cuanto más simple y directa sea la experiencia de compra, mejor. No compliques el proceso con pasos adicionales o sugerencias de venta cruzada hasta que el cliente haya completado su compra principal. Termina el proceso de venta antes de proponerle un 'upsell' o una venta adicional.

El Email

La Poderosa Herramienta para Atraer Clientes

El Email Marketing, una táctica fundamental en el comercio electrónico, es considerado el arma absoluta para atraer clientes y aumentar las ventas en línea. Similar al volanteo en la calle, esta estrategia se basa en llegar a la mayor cantidad de prospectos posible.

El Poder del Email Marketing

En el comercio electrónico, la comunicación efectiva con tus clientes potenciales es indispensable. El Email Marketing te permite llegar a ellos directamente en sus bandejas de entrada, brindando una oportunidad única para promocionar tus productos o servicios, compartir noticias relevantes y mantener una relación cercana con tu audiencia.

Diseño: Un Elemento Clave

Así como cuidamos el diseño de un volante en la calle, el diseño de tus correos electrónicos es esencial para captar la atención de tus destinatarios. Si recibes un volante fotocopiado en la calle, es probable que lo ignores. De manera similar, un correo electrónico demasiado simple puede caer en el olvido o ser enviado directamente a la bandeja de SPAM.

Complejidad vs. SPAM

Aunque pueda parecer curioso, los correos electrónicos más elaborados tienen una mayor probabilidad de pasar los filtros de SPAM. Esto se debe a que los filtros de SPAM buscan ciertos indicadores, como la falta de contenido y la simplicidad extrema, para determinar si un correo es no deseado.

Evita Fotos y Videos en Exceso

Agregar fotos o videos en exceso a tus correos electrónicos puede llevarlos directamente a la bandeja de SPAM. Esto no significa que debas evitar por completo los elementos visuales, pero debes usarlos con moderación y asegurarte de que sean relevantes para el contenido de tu correo.

El Secreto del Email Marketing Eficiente

Si deseas profundizar en las tácticas y secretos más efectivos del Email Marketing, puedes explorar el libro 'Ganar Dinero con el eMailing'. Escrito por un experto en el campo, este libro ofrece conocimientos valiosos sobre cómo aprovechar al máximo esta estrategia para impulsar tus ventas en línea.

El Dropshipping

Tu Camino hacia el Éxito en el Comercio Electrónico

El mundo del comercio electrónico ofrece una variedad de modelos de negocio, pero uno de los más fáciles de implementar y que ha ganado gran popularidad es el dropshipping. Este modelo te permite vender productos sin tener que preocuparte por el almacenamiento, la fabricación o la gestión de la facturación al cliente. El dropshipping puede ser una opción lucrativa para tu tienda en línea y puedes aprovecharlo para ampliar tu catálogo de productos y aumentar tus ingresos.

El Dropshipping Simplificado

El dropshipping es un enfoque de comercio electrónico en el que tú, como dueño de una tienda en línea, no almacenas físicamente los productos que vendes. En cambio, cuando un cliente realiza una compra en tu sitio web, la orden se pasa al proveedor o fabricante, quien se encarga de enviar el producto directamente al cliente. Tu papel principal es actuar como intermediario y promotor de los productos.

Ventajas del Dropshipping

El dropshipping presenta una serie de ventajas que lo convierten en una opción atractiva para emprendedores en línea:

1) Sin Necesidad de Almacenamiento: No necesitas espacio de almacenamiento para productos, lo que ahorra costos y evita problemas logísticos.

2) Amplia Variedad de Productos: Puedes ofrecer una amplia gama de productos sin la inversión inicial que implica la compra de inventario.

3) Menos Riesgo Financiero: Como no tienes que comprar productos por adelantado, reduces el riesgo financiero.

4) Foco en Marketing y Ventas: Puedes centrarte en promocionar y vender productos en lugar de gestionar inventario y envíos.

Cómo Comenzar con el Dropshipping

Si estás interesado en el dropshipping, aquí hay algunos pasos clave para comenzar:

1) Encuentra un Proveedor Confiable: Investiga y selecciona proveedores o fabricantes confiables con productos de calidad. Puedes unirte a programas de afiliados en Amazon o buscar otros proveedores que ofrezcan un programa de afiliados.

2) Selecciona Productos Complementarios: Para enriquecer tu catálogo de productos, busca productos complementarios a los que ya ofreces en tu tienda en línea. Esto puede atraer a clientes interesados en una variedad de productos relacionados.

3) Configura tu Tienda en Línea: Asegúrate de que tu sitio web esté configurado para integrar productos de dropshipping y gestionar pedidos de manera eficiente.

4) Promociona tus Productos: Utiliza estrategias de marketing en línea para atraer tráfico a tu tienda y promocionar los productos que ofreces.

5) Gestiona Servicio al Cliente: Aunque no estás involucrado en la logística de envío, aún así debes proporcionar un excelente servicio al cliente, responder preguntas y gestionar devoluciones si es necesario.

Recursos para Aprender Más

Para aquellos que desean profundizar en el dropshipping, existen recursos valiosos, como el libro 'La Guía del Dropshipping' escrito por el experto Rubén Fox. Este libro puede brindarte información detallada y estrategias efectivas para tener éxito en el mundo del dropshipping.

YouTube

Tu Poderosa Herramienta de Ventas

YouTube, la plataforma de videos más grande del mundo, no solo es un lugar para ver contenido entretenido, sino que también se ha convertido en una herramienta formidable para generar tráfico y aumentar las ventas en el comercio electrónico. Aprovecha YouTube para promocionar tu negocio en línea, vender productos o servicios, y aumentar tus ingresos.

El Potencial de YouTube en el Comercio Electrónico

YouTube ofrece numerosas oportunidades para los comerciantes en línea. Aquí hay algunas formas en las que puedes utilizar esta plataforma para impulsar tu negocio:

1) Generación de Tráfico: YouTube es un motor de búsqueda gigante por derecho propio. Publicar videos informativos, tutoriales o reseñas relacionadas con tu nicho puede generar tráfico orgánico hacia tu sitio web o tienda en línea.

2) Integración con Páginas de Ventas: Puedes crear videos interactivos que se integren directamente en tus páginas de ventas. Estos videos pueden proporcionar información adicional sobre tus productos o servicios, lo que puede ayudar a persuadir a los visitantes a realizar una compra.

3) Venta de Productos en Dropshipping: YouTube es un lugar ideal para promocionar productos en dropshipping. Puedes crear reseñas de productos o videos promocionales que dirijan a los espectadores a tu tienda en línea para realizar compras.

4) Monetización Directa: Si cumples con los requisitos de elegibilidad de YouTube, puedes habilitar la monetización en tu canal y ganar dinero directamente a través de los anuncios de YouTube. Esto puede ser una fuente de ingresos adicional para tu negocio.

Configuración de tu Canal de YouTube

Configurar un canal de YouTube es el primer paso para aprovechar esta plataforma como herramienta de ventas. Asegúrate de que tu canal refleje la imagen de tu marca y agrega información de contacto y enlaces relevantes a tu tienda en línea.

Creación de Contenido Relevante

El contenido que crees en YouTube debe ser relevante y valioso para tu audiencia. Puedes compartir consejos, tutoriales, reseñas de productos o contenido educativo relacionado con tu nicho. Esto te ayudará a establecerte como un experto en tu campo y atraer a un público comprometido.

Publicación y Promoción de Videos

Cuando publiques videos en YouTube, asegúrate de utilizar palabras clave relevantes en el título y la descripción para mejorar la visibilidad en los resultados de búsqueda. Promociona tus videos en tus redes sociales y sitio web para aumentar la audiencia.

Uso como Página de Aterrizaje

Otra estrategia efectiva es utilizar tu canal de YouTube como una página de aterrizaje. Desde tus videos, dirige a los espectadores a tu tienda en línea o página de ventas para que puedan explorar y comprar tus productos o servicios.

Podcasts y Webinars

Las Herramientas Secretas del Comercio Electrónico

El conocimiento es poder, y dos herramientas que a menudo se pasan por alto pero que pueden marcar la diferencia son los Podcasts y los Webinars.

Los Podcasts: Información Valiosa al Alcance de Todos

Los Podcasts son una forma efectiva de compartir información valiosa con tus clientes potenciales. Puedes utilizarlos para proporcionar detalles sobre tus productos, explicar las condiciones generales de venta o simplemente ofrecer consejos y conocimientos relacionados con tu nicho. Aquí hay algunas formas en las que puedes aprovechar los Podcasts:

1) Información en Páginas de Ventas: En una página de ventas, puedes incluir enlaces a Podcasts relacionados con el producto o servicio que estás promocionando. Esto permite a los clientes obtener información adicional que puede influir en su decisión de compra.

2) Accesibilidad para Todos: Hay numerosas plataformas donde puedes alojar tus Podcasts, lo que los hace accesibles para cualquier público interesado. También puedes integrar fácilmente estos Podcasts en tus páginas web sin sobrecargar el servidor de tu tienda en línea.

3) Expertise de Marca: Compartir contenido valioso a través de Podcasts puede ayudarte a establecerte como un experto en tu campo. Esto aumenta la confianza de los clientes y puede impulsar las ventas.

Reuniones Virtuales para Ventas Indirectas

Los Webinars son como reuniones virtuales donde puedes vender tus productos o servicios de manera indirecta. Puedes utilizarlos para atraer a tu audiencia con contenido relevante y luego presentar tus ofertas de manera más sutil. Por ejemplo, si vendes productos de limpieza y accesorios para automóviles, puedes crear Webinars que hablen sobre temas interesantes para los amantes de los autos, como 'Los Autos más Veloces' o 'Trucos para Mantener tu Auto en Perfecto Estado'.

Beneficios de los Webinars

1) Compromiso del Público: Los Webinars permiten un mayor compromiso con tu audiencia. Puedes

interactuar en tiempo real, responder preguntas y establecer una conexión más personal con tus clientes potenciales.

2) Ventas Indirectas: Si bien el objetivo principal de un Webinar no es vender directamente, puedes presentar tus productos o servicios de manera sutil y estratégica al final de la sesión. Esto puede conducir a ventas más efectivas.

3) Generación de Leads: Los Webinars son excelentes para generar leads de calidad. Los participantes interesados en tu contenido pueden proporcionar sus datos de contacto, lo que te brinda una oportunidad adicional para convertirlos en clientes.

Aprende a Sacar el Máximo Provecho

Si deseas profundizar en el uso efectivo de Podcasts y Webinars en tu estrategia de comercio electrónico, asegúrate de consultar el capítulo correspondiente en este libro. En él, aprenderás cómo crear un Webinar efectivo y cómo potenciar tus Podcasts para obtener resultados óptimos.

Marketplaces

Amplía tu Alcance y Aumenta tus Ventas

En el comercio electrónico, la expansión es clave para el éxito, y una de las estrategias más efectivas para lograrlo es vender en marketplaces o mercados virtuales. En el capítulo correspondiente, exploraremos cómo puedes aprovechar estas plataformas para adquirir nuevos clientes, aumentar tus ventas y llevar tu negocio más allá de las fronteras locales.

Marketplaces: El Camino hacia el Crecimiento

Una vez que hayas implementado las estrategias y secretos que hemos revelado en este libro, es hora de dar el siguiente paso importante: vender en los marketplaces. Estos mercados virtuales actúan como un medio para adquirir más clientes y pueden impulsar tus ventas en línea hasta en un 40% más de lo que ya vendes en tu propia tienda en línea.

¿Por Qué Limitarse a los Mercados Locales?

Como empresario, tu objetivo es vender tus productos o servicios a nivel global. No te conformes con mercados locales cuando puedes dar el salto y llegar a audiencias internacionales.

La Analogía de un Centro Comercial

Imagina un gran centro comercial lleno de una variedad de tiendas pequeñas. Estas tiendas aprovechan el flujo constante de personas que circulan por el centro comercial para realizar sus ventas. Los marketplaces funcionan de manera similar. Son como centros comerciales en línea donde miles de vendedores pueden mostrar sus productos y aprovechar el tráfico de la plataforma principal.

Nombres Destacados en el Mundo de los Marketplaces

Diversos marketplaces han ganado renombre y ofrecen oportunidades significativas para los vendedores en línea:

- Amazon: Con un tráfico increíble, Amazon es un lugar ideal para exponer tus productos a una audiencia global.

- eBay: Esta plataforma de subastas en línea atrae a una amplia base de compradores y vendedores de todo el mundo.

- Mercado Libre: Muy popular en América Latina, Mercado Libre es una excelente opción para llegar a la audiencia de habla hispana.

- cDiscount: Si buscas expandirte en Europa, cDiscount es una plataforma importante en la región.

- Etsy: Especializado en productos artesanales y únicos, Etsy es ideal para los vendedores que ofrecen productos hechos a mano.

Preparación para Vender en Marketplaces

Vender en los marketplaces requiere preparación. Debes crear perfiles de vendedor, cargar tus productos, gestionar los envíos y garantizar un excelente servicio al cliente. Además, es importante adaptar tu estrategia de precios y marketing para cada marketplace específico en el que desees vender.

Una Oportunidad que Exploraremos Más

Este tema de los marketplaces es tan vasto como emocionante, y lo exploraremos en detalle más adelante, donde aprenderás cómo inscribirte en estos marketplaces, cómo vender en el extranjero y cómo maximizar tus ventas en estas plataformas.

Tu Propio Sistema de Ventas

El éxito no solo depende de tener un producto o servicio excepcional, sino también de cómo lo presentas y vendes en línea. Hoy te revelaremos un secreto que a menudo se pasa por alto pero que puede marcar la diferencia entre el éxito y el fracaso: la creación de tu propio sistema de ventas en línea.

¿Por Qué un Sistema de Ventas es Clave en el Comercio Electrónico?

En el comercio físico, las tiendas en el centro de la ciudad se basan en estrategias de publicidad en medios, redes sociales y otros métodos tradicionales. Los prospectos llegan a estas tiendas por iniciativa propia, ya sea para informarse o realizar una compra. Sin embargo, en el comercio electrónico, la dinámica es diferente. **Debes ir en busca de tus clientes** y guiarlos hacia tus productos o servicios en línea.

El Poder de un Sistema de Ventas

Un sistema de ventas en línea es el elemento secreto que muchos expertos en comercio electrónico no divulgan fácilmente. Es la clave para llevar a los prospectos desde el punto de contacto inicial hasta la compra de manera fluida y efectiva. ¿Cómo funciona?

1) Encuentro con los Prospectos: En lugar de esperar a que los prospectos lleguen a ti, vas a buscarlos activamente. Esto puede hacerse a través de

publicidad en línea, redes sociales o marketing por correo electrónico, entre otros métodos.

2) Presentación de tu Producto o Servicio: Una vez que has atraído la atención de los prospectos, les muestras tus productos o servicios de manera atractiva y relevante.

3) Llevándolos hacia la Compra: Tu objetivo es guiar a los prospectos hacia la página o ficha de tu producto o servicio, donde pueden tomar la decisión de realizar una compra.

La Sutilidad del Proceso

Si bien implementar un sistema de ventas puede parecer laborioso, una vez que está en marcha, las ventas comienzan a realizarse de manera automática, especialmente en momentos clave del año. La magia detrás de un sistema de ventas radica en su capacidad para conducir a los clientes sutilmente hacia la plataforma de pago, donde realizarán la compra que, aparentemente, ellos mismos han decidido hacer.

El Camino del Cliente

En lugar de forzar a los visitantes a tomar una decisión de compra de inmediato, un sistema de ventas les permite recorrer un camino que has trazado cuidadosamente. Esto les da la sensación de que son ellos quienes toman la decisión de informarse o satisfacer su curiosidad en un principio. A medida que avanzan, se sienten cómodos y seguros tomando la decisión de realizar una compra.

El Éxito en el Comercio Electrónico: Un Sistema de Ventas Integral

Haremos un viaje a lo largo de este libro, paso a paso, explorando las diversas etapas que componen un Sistema de Ventas eficiente y exitoso. Desde la adquisición de bases de datos hasta el momento en que los internautas completan una compra en tu plataforma de pago.

Las Etapas del Sistema de Ventas

Comenzamos por entender la importancia de las bases de datos y cómo extraer direcciones de correo electrónico de fuentes relevantes. Luego, exploramos la estrategia del emailing y cómo llevar a los internautas desde sus bandejas de entrada hasta la plataforma de pago de tu tienda en línea.

Un aspecto esencial de un Sistema de Ventas exitoso es la sincronización de todas las etapas para lograr una venta eficaz. Este proceso no se detiene, sino que se implementa en momentos clave del año, como el Día de las Madres, las fiestas de fin de año, el Black Friday, el Día de los Novios y muchos más. Estos períodos especiales ofrecen oportunidades únicas para lanzar campañas específicas que te ayudarán a vender, ya sea que tu tienda en línea esté bien posicionada en los motores de búsqueda o no.

La Clave del Éxito: Un Sistema de Ventas Coordinado

Imagina tener una página de Facebook llena de publicaciones que gradualmente pierden el interés de los internautas o un canal de YouTube con una serie de videos que, a pesar de estar dentro de tu estrategia de campaña, no generan las conversiones que esperabas. Ambas tácticas funcionan por separado y pueden brindarte algunas ventas, pero la verdadera magia ocurre cuando todas las plataformas trabajan en perfecta armonía.

Un Sistema de Ventas bien coordinado es la clave para que todas las piezas de tu estrategia en línea encajen perfectamente. Cada plataforma interactúa con los prospectos de manera eficaz, guiándolos suavemente a través del proceso de toma de decisiones hasta que realicen una compra segura.

La Promesa del Éxito Continuo

Tu tienda en línea no solo venderá a su propio ritmo, sino que también se posicionará gradualmente en los motores de búsqueda, lo que garantiza ventas constantes a lo largo del tiempo. Sin embargo, en los momentos estratégicos del año, podrás lanzar campañas específicas que maximizarán tus ingresos, independientemente de tu visibilidad en Google u otras plataformas.

Resumen de éste capítulo

1. *Una Página de Ventas Efectiva*

Una página de ventas efectiva es una herramienta esencial en el arsenal de cualquier negocio en línea. Siguiendo los principios de detección del problema, explicación de cómo funcionaría todo y presentación de la solución, puedes aumentar significativamente tus conversiones y atraer a clientes satisfechos. Dedica tiempo y esfuerzo a crear una página de ventas que resuene con tu audiencia y verás cómo tu negocio en línea prospera.

2. *El Growth Hacking*

El Growth Hacking puede ser una estrategia efectiva para adquirir bases de datos de correo electrónico y acelerar el crecimiento de tu negocio en línea. Sin embargo, debes usar estas técnicas de manera ética y legal, respetando siempre la privacidad de los usuarios. Una lista de correo electrónico de calidad, obtenida de manera ética, puede ser una herramienta poderosa para llegar a tu audiencia y convertir prospectos en clientes. En éste libro, exploraremos en detalle cómo implementar estas estrategias de Growth Hacking de manera efectiva y ética para impulsar tu negocio en línea.

3. *La Plantilla para el Correo Electrónico*

Crear una plantilla de correo electrónico atractiva es esencial para destacar en la bandeja de entrada de tus destinatarios y captar su atención. El diseño visual, el título impactante y un mensaje claro son ingredientes clave para el éxito de tus campañas de marketing por correo electrónico. Recuerda siempre mantener la ética en tu enfoque de marketing y ofrece valor genuino a tus suscriptores. Con una plantilla bien diseñada y un mensaje valioso, puedes mejorar tus tasas de conversión y acercarte más a tus objetivos de ventas en línea.

4. *La Regla de los Tres Clics*

La Regla de los Tres Clics es una guía valiosa para garantizar que la experiencia de compra en línea sea fluida y eficiente para tus clientes. Al seguir esta regla, puedes ayudar a tus clientes a encontrar y comprar tus productos o servicios de manera rápida y sencilla, lo que aumentará la satisfacción del cliente y, en última instancia, impulsará tus ventas en línea. Recuerda siempre mantener la coherencia y la simplicidad en el proceso de compra para brindar la mejor experiencia posible a tus clientes.

5. El Email Marketing

El Email Marketing es una herramienta poderosa en el arsenal del comercio electrónico. Cuando se usa con cuidado y estrategia, puede ayudarte a llegar a tu audiencia de manera efectiva, aumentar la conversión de prospectos en clientes y mejorar la retención de clientes existentes. Con el enfoque adecuado, puedes aprovechar al máximo esta herramienta para hacer crecer tu negocio en línea.

6. El Dropshiping

El dropshipping es un modelo de negocio efectivo y rentable en el comercio electrónico. Permite a los emprendedores ampliar sus ofertas de productos y llegar a una audiencia más amplia sin la carga de gestionar inventario físico. Si buscas una forma de expandir tu tienda en línea y aumentar tus ingresos, el dropshipping podría ser la respuesta.

7. Youtube

YouTube es una poderosa herramienta en el arsenal del comercio electrónico. Puedes utilizarlo para generar tráfico, aumentar la visibilidad de tu marca, vender productos o servicios, y generar ingresos directos a través de la monetización. Sin embargo, como con cualquier estrategia de marketing, es importante crear contenido valioso y relevante para tu audiencia y mantener una presencia activa en la plataforma. Con el enfoque adecuado, YouTube puede convertirse en una parte integral de tu estrategia de ventas en línea y ayudarte a alcanzar el éxito.

8. *Podcasts y Webinars*

Los Podcasts y los Webinars son herramientas secretas que pueden impulsar tu éxito en el comercio electrónico. Aprovecha estas oportunidades para compartir conocimientos, comprometer a tu audiencia y aumentar las ventas en línea de una manera efectiva y valiosa. Al invertir tiempo y esfuerzo en la creación de contenido de alta calidad y en la organización de Webinars atractivos, puedes destacarte en tu nicho y construir relaciones sólidas con tus clientes potenciales.

9. *Marketplaces*

Los marketplaces son una herramienta esencial para cualquier comerciante en línea que busque expandir su alcance y aumentar sus ventas. Aprovecha la oportunidad de llegar a audiencias globales a través de plataformas como Amazon, eBay, Mercado Libre y muchas más. Al combinar tu presencia en marketplaces con las estrategias que compartiremos en este libro, estarás bien encaminado hacia el éxito en el comercio electrónico.

10. *Crea tu propio Sistema de Ventas*

Crear tu propio sistema de ventas en línea es el secreto del éxito en el comercio electrónico. Ya no se trata solo de mostrar productos en una plataforma, sino de guiar a tus prospectos a lo largo de un viaje que culmina en una compra. Aunque puede parecer desafiante al principio, una vez que tu sistema de ventas está en funcionamiento, te sorprenderá la eficacia con la que genera ventas en automático.

11. *Coordinar todas las Plataformas*

Un Sistema de Ventas integral es la piedra angular del éxito en el comercio electrónico. Ya no se trata solo de llenar tus redes sociales con publicaciones o de publicar videos en YouTube. Se trata de coordinar todas las plataformas de manera estratégica para interactuar de manera efectiva con tus prospectos y llevarlos hacia una compra segura.

El Sistema de Ventas

Define Objetivos Efectivos

El éxito de tu estrategia de ventas comienza con la definición precisa de objetivos. Estos objetivos son el núcleo de tu campaña y te ayudarán a trazar un camino claro hacia el logro de tus metas. Veamos cómo puedes definir objetivos efectivos para tu Sistema de Ventas:

1. Selecciona tus productos y el momento adecuado

Antes de lanzar cualquier campaña, es fundamental seleccionar cuidadosamente los productos o servicios que deseas promocionar. Considera la demanda estacional y elige el mejor momento para vender. Evita lanzar campañas a última hora, ya que la logística puede complicarse. Un plazo de una semana a dos semanas antes del evento es una estrategia inteligente.

2. Estrategia en capas

Puedes optar por una estrategia de capas. Comienza con la creación de contenido atractivo en plataformas como YouTube, Facebook y Twitter para generar interés inicial. Luego, inicia una campaña de correo electrónico bien planificada para mantener a tus clientes informados y comprometidos. Finalmente, utiliza medios de comunicación para llegar a un público más amplio.

3. *Alinea tus objetivos:*

Cada producto o servicio tiene características únicas. Alinea tus objetivos con estas particularidades. Define metas alcanzables y realistas. Por ejemplo, si puedes enviar 15,000 correos electrónicos durante la campaña, no esperes vender necesariamente 15,000 productos. Establece cifras razonables y basadas en tu experiencia previa.

4. *Presupuesto equilibrado:*

No gastes en exceso en una campaña, especialmente si tus productos son de bajo costo. Calcula cuánto puedes invertir en comunicación, idealmente alrededor del 10% de tus ganancias proyectadas. Si planeas ganar 1,000 monedas, destina 100 monedas para publicidad.

5. *Optimiza tu presupuesto:*

Considera la opción de crear un Sistema de Ventas económico para maximizar el uso de tu presupuesto en campañas publicitarias en Facebook, Twitter y YouTube.

Esto te permitirá llegar a un público más amplio de manera efectiva.

6. *Refina tu ficha de producto:*

No subestimes la importancia de tener una ficha de producto atractiva. Es el lugar donde tus clientes potenciales tomarán la decisión de compra. Asegúrate de que esté bien diseñada y que resalte los beneficios y características del producto de manera convincente.

Selecciona las Plataformas Correctas para Potenciar tu Sistema de Ventas

Para crear un Sistema de Ventas exitoso en el comercio electrónico, la elección de las plataformas adecuadas desempeña un papel esencial. Como mencionamos en la introducción, el Sistema de Ventas implica la interacción de múltiples plataformas de manera estratégica. A continuación, te guiaré sobre cómo seleccionar las plataformas que mejor se adapten a tu campaña:

1. Enfócate en tus objetivos:

Antes de elegir plataformas, es fundamental recordar tus objetivos. Si ya tienes una campaña en una plataforma, como Facebook, pero no has logrado reunir una audiencia significativa, puede ser mejor descartarla. El tiempo y la energía invertidos deben traducirse en resultados positivos.

2. Evita dispersar la atención:

No caigas en la trampa de utilizar la campaña para aumentar tu audiencia en las redes sociales. Este enfoque puede desviar la atención del objetivo principal: vender tus productos o servicios. Mantén el foco en la **conversión**.

3. Plataformas de video:

Si planeas utilizar videos como parte de tu estrategia de ventas, plataformas como YouTube, Dailymotion o Metacafé son opciones valiosas. Estas plataformas te permiten presentar tus productos de manera efectiva y llegar a un público visualmente comprometido.

4. Plataformas de Podcasts:

Para agregar un toque personal a tu campaña, considera utilizar plataformas de podcasts. Puedes crear explicaciones detalladas o narraciones de textos relevantes para tu página de ventas. Siempre hay personas que prefieren escuchar el contenido en lugar de leerlo.

5. Páginas de Aterrizaje efectivas:

Para la creación de tu Página de Ventas (Página de Aterrizaje), te recomiendo utilizar los sitios de Google. Estos recursos no requieren conocimientos técnicos avanzados y proporcionan resultados excepcionales. Una página de aterrizaje bien diseñada puede marcar la diferencia en la conversión de visitantes en compradores.

6. Utiliza 'Tags' y herramientas de análisis:

Plataformas como Google Analytics, la Consola de Google y servicios de acortamiento de URLs como Bitly te permiten obtener estadísticas valiosas sobre el rendimiento de tus enlaces. Esto te ayudará a evaluar si tu Página de Ventas está convirtiendo visitantes en ventas.

Prepara una Oferta Irresistible en tu Sistema de Ventas

Al crear un Sistema de Ventas en el comercio electrónico, uno de los pilares fundamentales es la preparación de una oferta que capture la atención y motive a los clientes potenciales a comprar. Aquí te mostramos cómo diseñar una oferta irresistible:

1. Crea un Funnel de Ventas efectivo:

En tu Tienda en Línea, comienza por crear un Funnel de Ventas sólido. Esto implica la creación de un banner atractivo que destaque el producto que estás promocionando. Desde el banner, dirige a tus prospectos a la ficha del producto, donde debes proporcionar detalles técnicos, un video demostrativo, y fotografías espectaculares. Asegúrate de que el botón de compra esté claramente visible. Recuerda la regla de los tres clics: los clientes deben poder llegar a la compra en tres clics o menos.

2. Oferta atractiva:

Para incentivar la compra, tu oferta debe ser irresistiblemente atractiva. Considera opciones como descuentos, ofertas de dos productos por el precio de uno, regalos con la compra, cupones de descuento para futuras compras, entre otros. La clave está en proporcionar un valor adicional que haga que los clientes se sientan motivados a realizar la compra.

3. Crea urgencia y oportunidad:

Utiliza estrategias que generen urgencia y oportunidad. Frases como 'Quedan pocos ejemplares', 'Compre ahora', 'solo hoy', o 'oferta limitada' pueden crear un sentido de urgencia en los compradores.

También puedes ofrecer regalos exclusivos para las primeras compras, lo que aumenta la sensación de oportunidad.

4. Evita prácticas engañosas:

Es fundamental ser ético en tus ofertas. Evita crear ofertas falsas, como aumentar el precio antes de una promoción para hacer que el descuento parezca más grande. Los consumidores pueden verificar fácilmente el historial de precios en línea, y estas prácticas pueden dañar tu reputación y atraer problemas legales.

5. Cuida tu reputación:

En línea, la reputación es valiosa como el oro. Un solo comentario negativo puede tener un impacto significativo en tu campaña y en tu negocio en general. Mantén una imagen positiva y auténtica. Proporciona descuentos reales y ofertas genuinas para mantener la confianza de tus clientes.

6. Prepara una oferta bien estructurada:

Sintetiza tu oferta en un argumento de venta claro y conciso. Destaca los beneficios y el valor que ofrece tu producto o servicio. Asegúrate de que el botón

'Compre Ahora' esté bien visible, facilitando la acción de compra.

Crea un Banner Impactante para Tu Tienda en Línea

El banner en la página principal de tu tienda en línea es como la carta de presentación de tu oferta. Es la primera impresión que tendrán tus visitantes, por lo que es esencial que sea atractivo y efectivo para atraer la atención de los clientes potenciales. Aquí te mostramos cómo crear un banner que realmente destaque:

1. Define tu oferta:

Antes de comenzar a diseñar tu banner, asegúrate de tener claro cuál es tu oferta. Puede ser la oferta del mes, del día, de la semana o relacionada con un evento específico como el Día de las Madres. La oferta debe ser clara y convincente.

2. Coherencia en la experiencia del usuario:

El banner en la página principal también es importante porque actúa como un punto de referencia. Si los visitantes llegan a la ficha del producto desde una red social o cualquier otro lugar, es posible que deseen explorar tu tienda en línea antes de realizar una compra. Asegúrate de que el banner sea coherente con la oferta que promocionaste en otros medios.

3. Prueba en diferentes dispositivos:

Es fundamental verificar cómo se ve tu banner en una variedad de dispositivos. Comprueba su apariencia en computadoras de escritorio, tablets y teléfonos móviles. Solicita a personas con diferentes marcas de teléfonos que revisen el banner. Algunos colores pueden verse bien en un dispositivo y no en otro, por lo que es importante utilizar 'Colores Web' que se vean bien en todos los dispositivos.

4. Legibilidad en dispositivos móviles:

Asegúrate de que el texto en tu banner se lea claramente en dispositivos móviles. Muchos diseños se crean en pantallas grandes y pueden ser difíciles de leer en teléfonos. Mantén el mensaje claro y conciso.

5. Utiliza fotos espectaculares:

Las imágenes en tu banner deben ser atractivas y de alta resolución. Puedes utilizar fotos de tu producto solo, en uso o incluso representaciones figuradas. Las imágenes impactantes atraen la atención y hacen que los visitantes quieran explorar más.

6. Destaca la exclusividad de la oferta:

Asegúrate de que los internautas sepan que tu oferta es exclusiva. Utiliza términos como 'Oferta Exclusiva' para resaltar la oportunidad que están obteniendo.

Prepara una Página de Aterrizaje Impactante para tu Estrategia de Ventas

La página de aterrizaje, también conocida como landing page o Página de Ventas, desempeña un papel crítico en tu estrategia de ventas en línea. Es aquí donde los visitantes toman la decisión de continuar explorando tu oferta o abandonar el proceso. Por lo tanto, es esencial que tu página de aterrizaje sea convincente y atractiva. A continuación, te mostramos cómo preparar una página de aterrizaje efectiva:

1. Comienza con un título llamativo:

El título es lo primero que verán tus visitantes al llegar a la página de aterrizaje. Debe ser claro, atractivo y relacionado con la oferta. Evita poner un banner en esta etapa, ya que puede distraer a los prospectos de su objetivo principal.

2. Utiliza un video de 45 segundos:

Proporcionar un video corto (aproximadamente 45 segundos) es una excelente manera de captar la atención de tus visitantes. En este video, puedes hablar sobre el producto o mostrarlo en una situación real. Esto ayuda a que los visitantes tengan una visión más clara de lo que estás ofreciendo.

3. Coloca un botón de acción claro:

Después del video, coloca un botón de llamada a la acción (CTA) bien visible. Este botón debe ser claro y alentador. Utiliza textos como 'Ver la Ficha del Producto' o 'Sí, Quiero' dependiendo de las características de tu producto. El objetivo es que los visitantes den el siguiente paso.

4. Aborda el problema y la solución:

En el contenido de la página, comienza hablando sobre el problema que enfrenta el visitante si no tiene el producto. Luego, presenta cómo sería su vida sin ese problema. Finalmente, ofrece tu producto como la solución definitiva. Este enfoque persuasivo es efectivo para convencer a los visitantes de que tu oferta es lo que necesitan.

5. Mantén la atractividad visual:

La página de aterrizaje debe ser visualmente atractiva. Utiliza imágenes de alta calidad y un diseño limpio. Recuerda que algunos visitantes pueden llegar a través de correos electrónicos que consideren no solicitados, por lo que es crucial que la página sea atractiva desde el principio.

6. Destaca la oferta:

Es el momento de resaltar la oferta. Los visitantes deben sentir que están obteniendo un trato especial y que la oferta es irresistible. Menciona que el producto está en súper oferta y que es el momento de comprarlo.

Crea un Email Persuasivo para Impulsar tu Sistema de Ventas

El email es una herramienta poderosa en tu estrategia de ventas en línea, ya que es la puerta de entrada al universo que has creado. Convencer al destinatario de abrir tu correo electrónico y hacer clic en tu oferta es un arte, y todo comienza con un título impactante. Aquí te mostramos cómo crear un email efectivo que capte la atención y genere conversiones:

1. Título atractivo:

El título de tu correo electrónico es la primera impresión y debe ser lo suficientemente intrigante como para que el destinatario lo abra. Evita títulos genéricos y aburridos. En lugar de utilizar un título como 'Oferta de papel de baño', opta por algo más creativo y emocionante, como 'Una solución para el bienestar de tu hogar'. Juega con las palabras y las perífrasis para despertar la curiosidad del lector.

2. Contenido conciso y persuasivo:

En el cuerpo del email, ve directamente al grano. Describe de manera breve pero efectiva un mundo maravilloso que se puede lograr con tu producto o servicio. Presenta tu solución de una manera convincente y resalta sus beneficios. Al final del correo electrónico, agrega una llamada a la acción (CTA) como 'Para obtener más información, consulta nuestro Catálogo Interactivo de Bienestar'. Esta frase debe ser una liga clickeable que lleve al lector a la Página de Ventas.

3. Juega con la curiosidad:

Utiliza el arte de generar curiosidad en el correo electrónico. Deja que el destinatario sienta que hay más por descubrir en tu oferta y que la Página de Ventas es el lugar donde encontrarán todas las respuestas. No reveles todo en el correo electrónico, pero proporciona suficiente información para despertar el interés.

4. 'Ganar Dinero con el eMailing':

Si deseas profundizar en el tema del envío de correos electrónicos y las estrategias más efectivas, puedes consultar el libro 'Ganar Dinero con el eMailing' y adquirirlo en Amazon.

5. Personalización y segmentación:

Personalizar el correo electrónico con el nombre del destinatario y segmentar tu lista de correos para enviar ofertas relevantes a grupos específicos de clientes puede aumentar significativamente la efectividad de tu estrategia de correo electrónico.

6. Pruebas y seguimiento:

No subestimes la importancia de realizar pruebas A/B en tus correos electrónicos para determinar qué enfoques funcionan mejor. Además, realiza un seguimiento de las tasas de apertura y clics para evaluar la efectividad de tus campañas y realizar ajustes cuando sea necesario.

La Estrategia de Videos

Una Herramienta Poderosa para Impulsar tus Ventas en Línea

Cada plataforma y red social tiene sus propias particularidades, y es importante adaptar tus videos para aprovechar al máximo su potencial. Aquí te presentamos una estrategia de video efectiva:

1. Video de 3 minutos - Facebook:

Facebook valora los videos de al menos 3 minutos, así que este formato es ideal para esta plataforma. Este video tiene como objetivo atraer la atención de los usuarios de Facebook y crear interés en tu producto o servicio. Debes destacar las características más relevantes y mantener la atención de la audiencia durante esos tres minutos.

2. Video de 2 minutos - YouTube:

YouTube es el reino de los videos cortos que capturan la atención del espectador. Utiliza un video de 2 minutos para explicar de manera concisa y efectiva las características clave de tu producto o servicio. Puedes integrar este video en la ficha del producto para proporcionar información adicional.

3. Video de 4 minutos - Página de Ventas:

Este video se convertirá en la joya de la corona de tu Página de Ventas. Aquí, puedes presentar una explicación detallada de tu oferta de una manera gráfica y auditiva. Es posible utilizar el mismo texto que tienes en la página, pero transformado en contenido visual. Al hospedarlo en YouTube, evitas sobrecargar tu servidor y facilitas su integración en la Página de Ventas.

4. Video de 45 segundos - Twitter:

Twitter es una plataforma donde la velocidad y la brevedad son esenciales. Crea un video de 45 segundos que sea conciso, atractivo visualmente y que transmita el mensaje clave de tu oferta de manera efectiva. Este formato está diseñado para captar la atención de los usuarios en un abrir y cerrar de ojos.

Email y Growth Hacking

Estrategias para Obtener Bases de Datos

El Growth Hacking es una práctica que busca acelerar el crecimiento de un negocio o marca utilizando enfoques innovadores y creativos. Una de las estrategias clave es la adquisición de bases de datos de correo electrónico. En éste libro dedicamos un capítulo completo a esta táctica donde explicaremos los conceptos básicos y una técnica efectiva para encontrar direcciones de correo electrónico en Internet.

¿Qué es Growth Hacking?

Growth Hacking se traduce como 'Atajo para el crecimiento' y se centra en encontrar formas rápidas y efectivas de expandir una audiencia o base de clientes. Una de las áreas clave del Growth Hacking es la adquisición de direcciones de correo electrónico para campañas de email marketing.

La Técnica de Adquisición de Bases de Datos de Email

1. Búsqueda en Internet: La técnica que te proponemos es completamente legal y ética. Se basa en buscar bases de datos de correo electrónico disponibles en Internet. Utiliza motores de búsqueda como Google para encontrar estos recursos.

2. Palabras Clave Relevantes: Comienza tu búsqueda utilizando palabras clave relacionadas con tu nicho o industria. Por ejemplo, si vendes productos relacionados con la jardinería, podrías buscar 'lista de suscriptores de jardinería' o 'base de datos de entusiastas de la jardinería'.

3. Explora los Resultados: Google te proporcionará una lista de páginas web que contienen información

relevante. Explora estos resultados y busca enlaces que te lleven a bases de datos de correo electrónico.

4. Documentos y Archivos: A menudo, encontrarás documentos o archivos que contienen direcciones de correo electrónico. Estos pueden estar en formatos como hojas de cálculo o documentos de texto. Ármate de paciencia y revisa estos recursos.

5. Descarga y Organización: Si tienes suerte, encontrarás una base de datos completa con miles de direcciones de correo electrónico. Si no es así, es posible que encuentres varios documentos con unas cuantas direcciones. Descarga y organiza estos datos en una hoja de cálculo para su uso posterior.

6. Cumplimiento de Regulaciones: Asegúrate de cumplir con las regulaciones de privacidad y protección de datos al utilizar estas direcciones de correo electrónico. Es importante obtener el consentimiento de los destinatarios antes de enviar correos electrónicos de marketing.

7. Evaluación de la Calidad: No todas las direcciones de correo electrónico que encuentres serán relevantes o de alta calidad. Asegúrate de filtrar y depurar la lista para eliminar direcciones inválidas o desinteresadas.

8. Email Marketing Efectivo: Utiliza estas direcciones de correo electrónico de manera estratégica en tus campañas de email marketing. Ofrece contenido valioso y relevante para tus destinatarios y trabaja en la construcción de relaciones a largo plazo.

La Planificación Estratégica del eMailing

A medida que avanzamos en nuestra serie de consejos sobre el comercio electrónico, es importante recapitular y poner orden en todo lo que hemos aprendido hasta ahora. Vamos a preparar una estrategia sólida que te permitirá llevar a cabo una campaña efectiva. Aquí tienes una visión general de los pasos que hemos cubierto hasta ahora:

1. Ficha del Producto Completa:

Has preparado una ficha de producto detallada que incluye todas las características técnicas necesarias, un video que muestra el producto en acción y una descripción exhaustiva de cómo utilizarlo.

2. Botón 'Compre Ahora' Destacado:

El botón 'Compre Ahora' está listo en la ficha del producto. Es visible y se destaca con un color llamativo que se integra perfectamente en el diseño.

3. Funnel de Ventas Preparado:

Has creado un embudo de ventas en la página principal de tu tienda en línea, que consta de un banner atractivo, la ficha del producto y la página de pago. Este embudo está diseñado para guiar a los visitantes hacia la conversión.

4. Página de Ventas Impactante:

Tu página de ventas está lista y cuenta con un texto dividido en tres partes, un video, un podcast, imágenes llamativas y un botón 'Ver Más'. Todo está diseñado para persuadir a los visitantes a tomar acción.

5. Diseño de Email Preparado:

Has creado un diseño de email en formato HTML que incluye todas las menciones legales necesarias y un enlace que dirige a los destinatarios a la página de ventas.

6. Videos Listos para Publicar:

Has creado y preparado los videos que se utilizarán en la campaña. Cada uno cumple una función específica en la estrategia.

7. Bases de Datos Organizadas:

Tienes tus bases de datos de correos electrónicos organizadas en grupos de 99 direcciones cada una, para facilitar el envío de campañas.

Con todos estos elementos en su lugar, ahora es el momento de subir los archivos a las diferentes plataformas y programar las fechas clave. Para ilustrar este proceso, utilizaremos como ejemplo la fecha del 25 de abril como punto de partida. Esto nos dará dos semanas completas para prepararnos y llegar a la celebración del 10 de mayo, una fecha muy relevante en México.

Lleva tu Campaña de eMailing al Siguiente Nivel

La planificación y la ejecución estratégica son esenciales para el éxito de una campaña. Una vez que has preparado todos los elementos clave de tu estrategia, como la ficha del producto, los videos, la página de ventas y la base de datos de correo electrónico, es hora de programar y coordinar la publicación de estos elementos en las diversas plataformas que utilizarás. A continuación, te guiaré a través de la programación estratégica en varias plataformas populares:

1. WordPress:

Si utilizas WordPress como plataforma para tu tienda en línea, tienes la flexibilidad de programar la publicación de la ficha del producto para la fecha y hora que elijas. Siguiendo nuestro ejemplo, programaremos la publicación para el 25 de abril a las 9 de la mañana.

2. Youtube:

Para tus videos en Youtube, la programación también es posible. Si has creado tres videos, puedes subirlos en modo privado y programar su publicación. Establece las fechas de publicación de la siguiente manera: el primero el 25 de abril, el segundo el 30 de abril y el tercero el 5 de mayo, todos a las 9 de la mañana.

3. Facebook:

En Facebook, puedes sincronizar la publicación de tus videos con Youtube. Programa los videos para que se publiquen al mismo tiempo que en Youtube. Además, considera agregar libros, publicaciones o entradas relacionadas con tu producto. Publica una cada tercer día hasta la fecha del evento, que en nuestro caso es el 10 de mayo, y programa su publicación.

4. Twitter:

Sigue una estrategia similar en Twitter. Programa los tres videos para las mismas fechas que en Youtube. Además, programa dos o tres tweets por día relacionados con tu producto y la campaña. Esto ayudará a mantener la atención de tu audiencia y a crear expectación.

5. Sites Google:

En la plataforma de Sites Google, tienes tu valiosa Página de Ventas. Deja esta página en modo público desde el momento de su creación para que esté lista para recibir a los visitantes.

6. Gmail:

La programación de envíos de correo electrónico es fundamental en tu estrategia de email marketing. Utiliza la aplicación 'Boomerang' desde el principio para programar los envíos de emails a las fechas y horas más convenientes.

En nuestro ejemplo, programa cinco envíos de 99 correos electrónicos cada día. Comienza el 25 de abril y finaliza el 8 de mayo, justo antes de la fecha del evento, el 10 de mayo. En total, enviarás 1386 emails durante los 14 días de la campaña. Si tienes múltiples cuentas de Gmail disponibles, considera multiplicar el número de envíos por el número de cuentas activas para aumentar tu capacidad de envío diario.

Lanzamiento de Campaña: Automatiza tu Éxito en el Comercio Electrónico

El momento ha llegado. Después de una meticulosa preparación y planificación estratégica, es hora de lanzar tu campaña de comercio electrónico. Con cada vez más experiencia, podrás acelerar el proceso de programación y ejecución hasta llegar a un punto en el que solo necesites programar durante cinco días. En otras palabras, para el 15 o 20 de abril, deberías estar listo para programar tu campaña en todas las plataformas seleccionadas.

Una vez que todo esté configurado y funcionando, tu campaña debería correr de manera casi automática, sin la necesidad de intervención constante. Este nivel de automatización es lo que llamamos 'Automatizar un Proceso'. Tu trabajo principal durante la campaña será realizar un seguimiento regular de las estadísticas clave para evaluar el rendimiento de tu estrategia. Aquí hay algunas áreas clave en las que debes enfocarte:

1. Estadísticas de Clics (Bitly):

Mantén un ojo en las estadísticas de clics para evaluar la efectividad de tus enlaces. Si notas que las tasas de clics son bajas en tus emails, considera revisar y ajustar el contenido para atraer más clics.

2. Estadísticas de Visitas (Analytics):

Utiliza herramientas de análisis web para rastrear las visitas a tu página de ventas y a tu tienda en línea. Estos datos te ayudarán a comprender el flujo de visitantes y a identificar posibles áreas de mejora en tu estrategia.

3. Seguimiento de Pagos (Paypal o Banco):

Mantén un registro de las ventas y los pagos realizados a través de tu plataforma de comercio electrónico. Esto te ayudará a llevar un control financiero de tu campaña.

Durante el transcurso de la campaña, es importante estar atento a las estadísticas y estar preparado para tomar medidas en consecuencia. Por ejemplo:

- Si los destinatarios de tus emails no están haciendo clic en los enlaces, considera ajustar el contenido o el asunto del correo para aumentar el interés.

- Si la página de ventas no está generando suficientes clics, revisa su diseño y contenido para mejorar la tasa de conversión.

- En la ficha del producto, verifica que los visitantes puedan encontrar fácilmente el botón 'Comprar Ahora' y asegúrate de que tus precios sean competitivos.

Optimizando el Éxito

Hemos recorrido un proceso meticuloso y laborioso que abarca aproximadamente un mes y medio. Hemos explorado múltiples plataformas y estrategias para crear una campaña efectiva y exitosa. Sin embargo, como habrás notado, la aplicación constante de este sistema puede ser agotadora, lo que lleva a las grandes corporaciones a utilizarlo solo en momentos estratégicos y planificados con anticipación.

La planificación es clave en este proceso. Al final del año, se prepara un calendario para el próximo año que detalla todas las fechas de cada etapa de la campaña. Esto permite asignar un presupuesto publicitario (Ads) y garantiza una ejecución sin problemas. La campaña resultará en un aumento significativo en el tráfico y las ventas, pero lo más interesante es lo que sucede después.

Después de que la campaña concluye y el tráfico comienza a estabilizarse, notarás que no regresa al mismo nivel que antes de la campaña. En cambio, se mantiene a un nivel ligeramente superior. Este fenómeno es valioso, ya que incluso cuando no estás utilizando publicidad patrocinada, tu tráfico sigue creciendo. Aprovecha esta oportunidad para implementar estrategias de SEO (Optimización de Motores de Búsqueda), sabiendo que los resultados serán a mediano y largo plazo.

Al final del año, cuando tu SEO esté bien establecido y respaldado por las campañas a lo largo del año, habrás logrado un buen posicionamiento en los motores de búsqueda y un flujo de tráfico constante y respetable.

En cuanto a las estrategias de publicidad patrocinada (Ads), puedes invertir en plataformas como Facebook, Twitter y Youtube para promocionar tus videos. Sin embargo, recuerda no gastar más del 10% de lo que esperas ganar.

Por último, te recomendamos considerar la inscripción en un programa de afiliados, una estrategia que puede ser altamente efectiva en el comercio electrónico. Los programas de afiliados te permiten colaborar con otros sitios web o socios para promocionar tus productos, lo que puede impulsar aún más tus ventas.

El Dropshipping, un tema complejo en sí mismo, merecería un libro completo para explorarlo en profundidad; por lo que te sugerimos consultar el libro 'La Guía del Dropshipping', escrito por el autor Rubén Fox, para obtener una comprensión más completa de esta estrategia.

Como puedes constatar, el Sistema de Ventas es un proceso continuo y estratégico que requiere planificación, ejecución cuidadosa y adaptación constante. Al seguir estos pasos y mantener un enfoque a largo plazo, podrás aumentar gradualmente tu presencia en línea y tus ventas, creando un negocio sólido y exitoso en el mundo del comercio electrónico.

Resumen del Sistema de Ventas

1. Introducción al Sistema de Ventas en el Comercio Electrónico

El Sistema de Ventas en el comercio electrónico es el camino que guía al internauta desde su primer contacto con tu producto o servicio hasta la conversión final. Este sistema, aunque comparte similitudes con el concepto de 'funnel de ventas', se diferencia en su alcance y enfoque.

A diferencia del funnel de ventas interno en una tienda en línea, que abarca desde el banner promocional hasta el carrito de compras, el Sistema de Ventas se extiende más allá de los límites de tu plataforma. En este contexto, múltiples plataformas externas interactúan entre sí para crear una experiencia de compra dinámica e interactiva.

Este sistema es crucial para atraer, involucrar y finalmente convertir a los clientes potenciales en compradores satisfechos. A lo largo de los capítulos, exploraremos en profundidad las diversas etapas y estrategias involucradas en el Sistema de Ventas en el comercio electrónico, desde la captación inicial hasta la fidelización del cliente.

2. Definiendo Objetivos

Definir objetivos efectivos es un paso crítico en la planificación de tu Sistema de Ventas en el comercio electrónico. La selección adecuada de productos, la sincronización del tiempo y un presupuesto bien equilibrado son fundamentales para el éxito. Además, aprovecha al máximo tu presupuesto utilizando estrategias de bajo costo para la comunicación. Con un enfoque cuidadoso en estos aspectos, estarás un paso más cerca de alcanzar tus metas de ventas en línea.

3. Elije las Plataformas Adecuadas

La elección de las plataformas adecuadas es crucial para el éxito de tu Sistema de Ventas en el comercio electrónico. Enfócate en tus objetivos, evita distracciones innecesarias y aprovecha las herramientas disponibles para medir el rendimiento. Con una estrategia bien planificada y las plataformas correctas, estarás un paso más cerca de alcanzar tus metas de ventas en línea y mejorar la conversión de tus visitantes en clientes satisfechos.

4. Una Oferta Irresistible

Una oferta irresistible es la clave para atraer y convertir clientes en el comercio electrónico. Diseña un Funnel de

Ventas efectivo, crea ofertas atractivas, utiliza estrategias de urgencia y oportunidad, y, sobre todo, mantén la integridad en tus prácticas comerciales. Al hacerlo, podrás maximizar tus ventas y mantener una imagen positiva en línea, construyendo relaciones sólidas con tus clientes.

5. Diseña un buen Banner

Un banner bien diseñado es esencial para capturar la atención de los visitantes en tu tienda en línea. Define claramente tu oferta, mantén la coherencia en la experiencia del usuario, realiza pruebas en varios dispositivos, asegura la legibilidad en móviles, utiliza imágenes impactantes y destaca la exclusividad de la oferta. Con un banner efectivo, podrás aumentar la conversión de visitantes en clientes y dar una excelente primera impresión a tus clientes potenciales.

6. Prepara una Página de Aterrizaje

La página de aterrizaje es una etapa crítica en el proceso de ventas en línea. Debe ser atractiva, persuasiva y clara en su mensaje. Con un título llamativo, un video efectivo, un botón de acción claro y un enfoque en el problema y la solución, puedes aumentar la conversión de visitantes en compradores.

Recuerda siempre mantener la calidad visual y destacar la atractividad de tu oferta para lograr el éxito en tu estrategia de ventas.

7. *Un Correo Electrónico Persuasivo*

La creación de un correo electrónico persuasivo es esencial para atraer a los destinatarios y llevarlos a tu Página de Ventas. Un título atractivo, contenido conciso y persuasivo, la promoción adecuada y la personalización son elementos clave. Con la estrategia adecuada y la práctica, puedes aprovechar el poder del correo electrónico para aumentar las conversiones y el éxito de tu sistema de ventas en línea.

8. *La Estrategia de las Sagas*

Un concepto interesante que puedes aplicar es el de 'Las Sagas'. Se trata de una serie de tres o cuatro videos que cuentan una historia continua. Cada video está relacionado y sigue una secuencia lógica: el primero presenta a los personajes y la situación, el segundo crea tensión, el tercero es más dinámico y lleno de acción, y el cuarto lleva al clímax final. Esta secuencia de videos puede ser utilizada para preparar a los internautas para una súper oferta, creando un sentido de anticipación y emoción.

Recuerda adaptar cada video a las especificaciones y preferencias de cada plataforma, como Facebook, Twitter, YouTube, entre otras. La creación de videos estratégicos es una herramienta poderosa para impulsar tus ventas en línea y construir una relación sólida con tu audiencia. Aprovecha el poder de la narrativa visual para cautivar a tus clientes potenciales y llevarlos hacia tu oferta irresistible.

9. Encuentra Direcciones

El Growth Hacking es una estrategia poderosa para acelerar el crecimiento de tu negocio en línea, y la adquisición de bases de datos de correo electrónico es una parte importante de esta táctica. La técnica que te explicaremos más adelante te permitirá encontrar direcciones de correo electrónico de manera efectiva, siempre cumpliendo con las regulaciones y respetando la privacidad de los usuarios.

10. Una clave para el Éxito

La clave para el éxito en el comercio electrónico radica en la planificación estratégica y la ejecución cuidadosa. Con todos los elementos en su lugar y una fecha objetivo establecida, estás preparado para lanzar una campaña efectiva que aproveche al máximo tu sistema de ventas en línea. Siguiendo estos pasos y utilizando la programación estratégica en todas estas plataformas, estarás listo para ejecutar una campaña de comercio electrónico efectiva y coordinada.

11. Monitoreo Constante

Una parte fundamental de la estrategia es el monitoreo constante y la capacidad de adaptarse a medida que se desarrolla la campaña. Mantén un ojo en la competencia, verifica precios y busca oportunidades para optimizar tu estrategia. Si tienes la capacidad, también verifica las ventas y mantente al tanto del rendimiento estadístico en tiempo real.

La Plataforma de Ventas

La Clave para Convertir Prospectos en Clientes

La Plataforma de Ventas se ha convertido en un componente esencial para las empresas que desean atraer y convertir a sus prospectos en clientes satisfechos. También conocida como Página de Aterrizaje o Landing Page, esta plataforma híbrida desempeña un papel crucial al informar a los visitantes sobre la necesidad de adquirir un producto o servicio. En este capítulo, exploraremos en detalle qué es una Plataforma de Ventas, cómo funciona y por qué es fundamental en el proceso de ventas en línea.

¿Qué es una Plataforma de Ventas?

Una Plataforma de Ventas es una página web diseñada específicamente para convertir prospectos en clientes. Esta página actúa como un punto de entrada estratégico, al que los visitantes llegan a través de diversas fuentes, como redes sociales, correos electrónicos o enlaces compartidos en comentarios. Su función principal es persuadir a los visitantes de la necesidad de adquirir un producto o servicio ofrecido por la empresa.

El Rol Crucial de la Plataforma de Ventas en el Sistema de Ventas

La Plataforma de Ventas no opera de forma aislada; sino que hace parte integral del Sistema de Ventas de una empresa en línea. Este sistema abarca desde la atracción de prospectos hasta la conversión de estos en clientes. La Plataforma de Ventas es la etapa crucial en la que se inicia el proceso de conversión.

Funcionamiento de una Plataforma de Ventas

1. Atracción de Prospectos: Los prospectos llegan a la Plataforma de Ventas a través de diversos canales, como enlaces compartidos en redes sociales, correos electrónicos promocionales o comentarios en blogs y sitios web relacionados.

2. Información Persuasiva: Una vez que los visitantes aterrizan en la página, se encuentran con contenido diseñado estratégicamente. Este contenido informa sobre el producto o servicio, resalta sus beneficios y muestra por qué es esencial para el visitante.

3. Transición a la Ficha del Producto: La Plataforma de Ventas generalmente incluye un enlace o llamado a la

acción que lleva al prospecto a la ficha del producto. Aquí, el visitante puede obtener información detallada sobre las características, especificaciones y precios del producto.

4. Facilitando la Conversión: La página está diseñada para facilitar la conversión. Esto implica una presentación clara del proceso de compra, opciones de pago y la posibilidad de obtener más información si es necesario.

Nombres Variados, Función Esencial

Es importante destacar que la Plataforma de Ventas puede conocerse bajo diferentes nombres, como Página de Aterrizaje, Página de Ventas, Landing Page o Plataforma de Ventas. A pesar de estas variaciones en la nomenclatura, su función esencial es la misma: persuadir a los visitantes para que realicen una compra.

La Importancia de la Optimización de Plataformas de Ventas para el SEO

Dado que la Plataforma de Ventas es un punto de contacto crucial entre la empresa y los prospectos, su optimización para motores de búsqueda (SEO) es esencial. Aquí hay algunas estrategias clave para mejorar la visibilidad de tu Plataforma de Ventas en los motores de búsqueda:

1. Investigación de Palabras Clave: Identifica las palabras clave relevantes para tu producto o servicio y utilízalas estratégicamente en el contenido de la Plataforma de Ventas.

2. Contenido de Calidad: Proporciona contenido informativo y convincente que resalte los beneficios y características de tu producto o servicio.

3. Diseño Responsivo: Asegúrate de que tu Plataforma de Ventas sea accesible y se visualice correctamente en dispositivos móviles, ya que un número creciente de usuarios accede a través de sus smartphones y tabletas.

4. Velocidad de Carga: Optimiza la velocidad de carga de la página, ya que los visitantes pueden abandonar rápidamente si la página tarda demasiado en cargarse.

5. Enlaces Internos y Externos: Utiliza enlaces internos para guiar a los visitantes a otras partes relevantes de tu sitio web y considera la posibilidad de enlaces externos a recursos relacionados.

El Catálogo Virtual

En este apartado, exploraremos la estructura general óptima de un Catálogo Virtual, cómo se integra en el Sistema de Ventas y por qué es fundamental para impulsar las ventas en línea. Entenderemos por qué dirigir a los internautas a páginas específicas dentro del catálogo puede marcar la diferencia en el proceso de conversión.

¿Qué es un Catálogo Virtual y su Importancia?

Un Catálogo Virtual es una representación en línea de los productos o servicios que una empresa ofrece. A diferencia de una tienda en línea completa, un Catálogo Virtual se enfoca en resaltar productos específicos que se promocionan activamente en una campaña de ventas. Su importancia radica en su capacidad para captar la atención de los clientes potenciales y dirigirlos hacia productos destacados.

La Página de Ventas en el Sistema de Ventas

El Catálogo Virtual es parte integral del Sistema de Ventas de una empresa en línea. Actúa como el primer punto de contacto con los internautas y desempeña un papel crucial en el proceso de conversión. Aquí es donde se inicia la comunicación persuasiva para fomentar la compra.

Estructura General de un Catálogo Virtual

1. Páginas del Catálogo Virtual: Un Catálogo Virtual consta de páginas individuales para productos o categorías específicas. Estas páginas son el epicentro de la estrategia de ventas y son donde los internautas llegarán desde diversas fuentes, como correos electrónicos promocionales o enlaces en redes sociales.

2. Ligas a Páginas Específicas: Es fundamental que los internautas no lleguen a la página principal del Catálogo Virtual, sino que sean dirigidos a páginas específicas que correspondan a los productos o categorías destacados. Por ejemplo, si tu catálogo incluye 'Pantalón', 'Blusa' y 'Accesorio de moda', cada uno de estos elementos debe tener su propia página única.

3. Uso Estratégico de Correos Electrónicos: Para dirigir el tráfico de manera efectiva, se deben enviar correos electrónicos específicos que resalten un producto o categoría. Por ejemplo, un correo electrónico que

promociona un pantalón debe llevar a los internautas directamente a la página del pantalón en oferta.

4. Página Principal del Catálogo: La página principal del Catálogo Virtual debe servir principalmente para el posicionamiento en los motores de búsqueda (SEO). No debe tener un menú elaborado, sino una liga discreta que redirija a la página principal del sitio web. Aquí, los productos destacados deben estar visibles junto con enlaces correspondientes a sus páginas individuales.

5. Micro Sitios ONE PAGE: Una estrategia efectiva es crear micro sitios ONE PAGE, es decir, páginas únicas para un solo producto. Esto brinda una experiencia de usuario enfocada y permite una presentación detallada del producto. También se debe incluir una página con el conjunto de los productos destacados para aquellos internautas curiosos que deseen explorar más opciones.

La Importancia de Evitar Distraer a los Internautas

Es crucial **evitar** incluir enlaces que lleven a los internautas hacia redes sociales u otras distracciones en la Página de Ventas. Cualquier distracción puede hacer que los prospectos se pierdan en el proceso de compra, por lo que mantener el enfoque en el producto o categoría destacados es esencial.

Fotos Espectaculares

La Clave para Impactar a tus Clientes

Las imágenes son una parte fundamental de la presentación de productos y servicios; la calidad de las fotos que utilizas puede marcar la diferencia entre una venta exitosa y una oportunidad perdida.

La Importancia de las Fotos en el Comercio Electrónico

Las imágenes desempeñan un papel crucial en el comercio electrónico, ya que los compradores en línea no pueden ver ni tocar los productos físicamente. Las fotos permiten a los consumidores obtener una idea precisa de cómo se ve un producto y qué beneficios les ofrece. Por lo tanto, es esencial utilizar fotos de alta calidad y atractivas para atraer y convencer a los clientes.

Tipos de Fotos en el Comercio Electrónico

En el comercio electrónico, generalmente se utilizan tres tipos de fotos para presentar productos o servicios de manera efectiva:

1) Fotos Propias: Estas son imágenes que tú mismo tomas de los productos que estás vendiendo. Para obtener fotos de alta calidad, es importante utilizar un equipo de fotografía adecuado que pueda proporcionar una resolución mínima de 10 millones de píxeles por pulgada. Además, se recomienda utilizar un fondo neutro para que los productos se destaquen claramente.

2) Fotos del Fabricante: En el caso de empresas que practican el dropshipping u obtienen productos directamente del fabricante, es común utilizar las fotos que el productor pone a disposición de sus clientes. Estas fotos suelen estar libres de derechos de autor siempre que se utilicen para la venta o promoción del producto en cuestión. Puedes considerarlas como si estuvieran bajo licencia Creative Commons.

3) Fotos Figurativas: Estas imágenes no muestran directamente el producto o servicio, pero evocan emociones o sentimientos en los internautas. Por ejemplo, si vendes aceites aromáticos, en lugar de mostrar una simple botella, puedes utilizar una foto de una persona feliz en un campo lleno de flores, sonriendo. Si estás ofreciendo un producto financiero,

una imagen de un ejecutivo exitoso puede sugerir prosperidad. Estas fotos apelan a las emociones y ayudan a los visitantes a relacionar tu oferta con sus necesidades y deseos.

El Uso Legal de las Fotos en el Comercio Electrónico

Es importante destacar que, independientemente del tipo de foto que utilices, debes asegurarte de que tengan licencia Creative Commons o Copy Left para su uso libre. Esto significa que puedes utilizarlas sin infringir derechos de autor, siempre y cuando menciones la procedencia o el nombre del autor de la imagen.

Crea una Plantilla Atractiva

La presentación visual juega un papel esencial en la captación de clientes. En la Etapa 1, mencionamos que no es necesario que la Página de Ventas sea un duplicado de la Tienda en Línea, pero es vital mantener una coherencia en el diseño. En este apartado, te guiaré a través de los pasos para crear una plantilla atractiva y responsiva para tu Página de Ventas, asegurándote de que tu sitio web se vea perfecto en todos los dispositivos.

Mantén la Coherencia de Colores

Si bien tu Página de Ventas no necesita ser un clon de tu Tienda en Línea, es crucial mantener una paleta de colores consistente. Esto garantiza que los visitantes, al pasar de la Página de Ventas a la Tienda en Línea, no experimenten un cambio abrupto que pueda confundirlos. La coherencia en la gama de colores ayuda a reforzar la identidad de tu marca.

Diseño Utilizando Sitios Google

Una ventaja significativa de trabajar con Sitios Google es que ofrecen opciones de diseño similares a los bloques que se utilizan en plataformas como Wordpress. Esto facilita la creación de una plantilla atractiva sin necesidad de conocimientos avanzados de diseño web. Puedes seleccionar y personalizar bloques de contenido para adaptar el diseño a tus necesidades específicas.

Beneficios de un Diseño Responsivo

Una de las ventajas clave de utilizar Sitios Google para tu Página de Ventas es que el diseño será automáticamente responsivo. Esto significa que tu página se adaptará de forma fluida a todos los dispositivos, desde smartphones y tabletas hasta computadoras de escritorio. La adaptabilidad es esencial en un mundo donde los usuarios acceden a sitios web desde una amplia variedad de dispositivos.

Utiliza Colores Web

Cuando diseñes tu Página de Ventas, aprovecha las opciones de 'Colores Web' que Google te ofrece. Estos son colores que se ven de manera consistente en todas las pantallas, lo que garantiza que la apariencia de tu sitio sea uniforme y atractiva para los visitantes. La consistencia en la representación de colores es clave para mantener la coherencia visual de tu marca.

Verifica en Diferentes Dispositivos

Una vez que hayas diseñado tu Página de Ventas, es fundamental verificar cómo se ve en diferentes dispositivos. Reúne a personas con diversos tipos y marcas de dispositivos, como smartphones, tabletas y computadoras, para que te ayuden a probar la página. Asegúrate de que la Página de Ventas se visualice de manera clara y atractiva en cada uno de ellos.

Automatización en Sitios Google y Verificación Extra

Aunque las adaptaciones en Sitios Google se realizan automáticamente, no está de más realizar una verificación extra en otros dispositivos. Si tu Página de Ventas se ve bien en un dispositivo de gama baja, es probable que se vea igual de bien en otros dispositivos de gama media o de última generación. La comprobación adicional garantiza una experiencia de usuario óptima en todos los escenarios.

La Regla de los Tres Clics

Optimizando la Experiencia del Usuario

En el comercio electrónico, la experiencia del usuario desempeña un papel esencial en el éxito de una tienda en línea. Una regla que resalta en este contexto es la 'Regla de los Tres Clics'. Ahora exploraremos en detalle esta regla y su importancia en la navegación y conversión de los visitantes en el comercio electrónico.

La Regla de los Tres Clics: Un Principio Fundamental

> Esta regla establece que un visitante debe poder encontrar la información que busca o avanzar al proceso de compra en tres clics o menos.

A partir del cuarto clic, existe una tendencia a que los usuarios pierdan interés y abandonen el sitio.

Experiencia en Lugar de Teoría

Aunque podríamos mencionar estudios realizados por *expertos en la web* o *prestigiosas universidades*, la 'Regla de los Tres Clics' se basa principalmente en la experiencia de administradores de tiendas en línea. Estos profesionales han observado que, en promedio, los usuarios comienzan a perder interés después del tercer clic, lo que hace que esta regla sea una guía valiosa para el diseño y la navegación en línea.

Los Tres Clics Esenciales en el Comercio Electrónico

En el contexto del comercio electrónico, los tres clics esenciales se pueden desglosar de la siguiente manera:

1) Primer Clic: El primer clic se produce cuando un visitante hace clic en el enlace o correo electrónico que les has proporcionado. Este es el punto de inicio de su viaje en tu tienda en línea.

2) Segundo Clic: El segundo clic ocurre cuando el visitante llega a la Página de Ventas. Aquí es donde se presenta el producto o servicio y se inicia el proceso de persuasión para convertir al visitante en un cliente.

3) Tercer Clic: El tercer clic es crucial y se produce cuando el visitante hace clic en la ficha del producto para proceder al proceso de pago. En este punto, el visitante ya tiene su tarjeta de crédito en la mano.

Adaptación de la Regla de los Tres Clics

La 'Regla de los Tres Clics' no solo se aplica a los visitantes que llegan desde correos electrónicos promocionales, sino también a aquellos que provienen de redes sociales u otras fuentes. Si un visitante parte de una red social hacia la Página de Ventas y luego a la ficha del producto en tres clics, la regla sigue aplicándose.

El Valor del Upsell Después de la Conversión

Una vez que un cliente ha adquirido un producto o servicio, es importante recordar que ya has ganado una venta y, lo que es aún mejor, has obtenido su dirección de correo electrónico. Esto te permite aplicar estrategias de upsell o sobreventa para ofrecer productos o servicios adicionales que complementen la compra original, aumentando así el valor de cada transacción.

El Poder del Video

Cómo Impactar a tus Clientes y Aumentar las Ventas

Una herramienta poderosa que no puedes pasar por alto es el video. En este apartado, exploraremos cómo el video puede ser un recurso invaluable para promocionar tus productos y servicios en línea y cómo integrarlo de manera efectiva en tu estrategia de ventas.

El Arte de Crear Videos de Calidad

El libro *La Guía del Video Marketing*, escrito por Rubén Fox, te puede ser muy útil para lograr que tu campaña sea un éxito. Busca éste libro en Amazon.

Diversificación de Contenido en Video

Para maximizar el impacto de tus campañas, es esencial crear diversas versiones de video sobre el mismo tema. Algunos videos pueden centrarse en destacar las características de tu producto, mientras que otros pueden mostrar cómo utilizarlo de manera efectiva. También puedes crear videos que presenten tu producto como la solución a un problema específico o como respuesta a una pregunta relevante para tu audiencia. Esta diversificación de contenido garantiza que puedas abordar las diferentes necesidades e intereses de tus clientes potenciales.

Integración en la Página de Ventas

Una de las ubicaciones más estratégicas para colocar un video es en tu Página de Ventas. Este video debe contener un resumen de los argumentos y mensajes clave que estás utilizando en la misma página. Al incorporar un video, proporcionas a los visitantes una experiencia más dinámica y atractiva, lo que puede aumentar significativamente su interés en tu producto o servicio.

Plataformas para Subir tus Videos

Existen varias opciones para subir tus videos y compartirlos con tu audiencia:

1. YouTube: Esta plataforma es una opción popular para alojar videos. Puedes subir tu video a YouTube y luego integrarlo fácilmente en tu Página de Ventas. Además, tu video en YouTube puede alimentar tu canal y ayudarte a construir una comunidad en esta plataforma.

2. Sitios Google: Si estás utilizando Sitios Google para crear tu tienda en línea, la integración de videos es sencilla. Los videos se adaptarán automáticamente a todos los dispositivos, lo que garantiza una experiencia de usuario uniforme.

El Podcast

Cómo Convencer a tus Clientes a través del Sonido

A lo largo de los años, los podcasts han evolucionado y se han convertido en una herramienta invaluable para creadores de contenido. En este libro, exploraremos cómo el podcast no solo ha perdurado en el siglo XXI, sino que se ha convertido en un recurso fundamental para las ventas en línea, permitiendo a los oyentes conectarse con historias y productos de una manera única.

La Versatilidad del Podcast

Los podcasts han existido en la web durante muchos años y han abordado una amplia variedad de temas, desde sagas de historias familiares hasta relatos tenebrosos, divertidos, informativos y musicales, entre otros. Lo que hace que los podcasts sean excepcionales es su versatilidad para transmitir contenido de una manera que engancha a los oyentes y les permite sumergirse en la narrativa.

El Podcast en el Siglo XXI

A pesar de los avances tecnológicos y la proliferación de nuevas formas de contenido, el podcast no ha perdido su valor; por el contrario, ha ganado aún más relevancia en la era digital. Esto se debe en gran parte a que muchas personas prefieren escuchar una historia en lugar de leerla. Los podcasts ofrecen una experiencia auditiva que estimula la imaginación y permite a los oyentes crear sus propias versiones de la historia.

La Utilidad del Podcast en las Ventas en Línea

En el contexto de las ventas en línea, el podcast se ha convertido en una herramienta invaluable. Puede ser especialmente efectivo para aquellos que tienen poco tiempo, ya que pueden escuchar la información mientras hacen otras tareas, como conducir, trabajar o incluso escribir informes. Los podcasts proporcionan flexibilidad y comodidad a los oyentes ocupados.

Integración en la Página de Ventas

Una estrategia efectiva es integrar un podcast en la Página de Ventas. Este podcast puede retomar los mismos puntos y argumentos que se están utilizando en la página, ofreciendo un resumen convincente de por qué el producto o servicio es la solución a múltiples necesidades. El objetivo principal es persuadir al visitante de que el producto es una solución valiosa y llevarlo a hacer clic en la ficha del producto para obtener más información o realizar la compra.

El Podcast como Herramienta de Convicción

El podcast tiene el poder de cautivar a los oyentes y sumergirlos en una experiencia auditiva única. Cuando se utiliza en la Página de Ventas, debe diseñarse con la intención de convencer al visitante de que el producto es la solución a sus problemas o necesidades. Al final del podcast, el objetivo es que el oyente esté convencido y motivado para tomar medidas, haciendo clic en la ficha del producto.

Convencer sin Aburrir

La Página de Ventas es el corazón de tu estrategia de comercio electrónico, y su contenido es la clave para persuadir a los visitantes de que tu producto o servicio es la solución que están buscando. Así pues, veamos qué tipo de información debes incluir en tu Página de Ventas para lograr este objetivo sin abrumar a tus potenciales clientes.

Enfoque en la Venta

La Página de Ventas tiene un propósito claro: **vender**. No es necesario sumergirse en extensas retrospectivas históricas o detalles técnicos que alejen al visitante de su objetivo principal. Mantén el enfoque en el producto o servicio que estás promocionando y en cómo puede beneficiar a tus clientes potenciales.

La Clave: Convencer a los Visitantes

Cuando los visitantes llegan a tu Página de Ventas, es probable que no estén seguros de si tu producto o servicio les resultará útil. Es tu responsabilidad revelarles el valor oculto que tu oferta puede proporcionarles. Ten en cuenta que estos visitantes llegaron por diversos motivos, como la curiosidad, la búsqueda de una solución o la verificación del comerciante en línea.

Herramientas para Convencer

Para convencer a tus visitantes, debes utilizar una variedad de herramientas persuasivas:

1. Videos: Los videos son efectivos para mostrar visualmente las ventajas de tu producto o servicio. Pueden proporcionar ejemplos de uso y demostrar sus beneficios de manera convincente.

2. Infografías: Las infografías son útiles para resumir información importante de manera visual y fácil de entender. Pueden destacar características clave y datos relevantes.

3. Podcasts: Los podcasts permiten que los visitantes escuchen tus argumentos de venta de manera conveniente. Pueden proporcionar una experiencia auditiva envolvente que capte la atención del oyente.

4. Textos de Ventas: Los textos de ventas son esenciales para comunicar detalles importantes de tu oferta. Deben ser claros, persuasivos y centrarse en los beneficios para el cliente.

5. Diseño Agradable: Un diseño atractivo y fácil de navegar es fundamental. Debe guiar a los visitantes a través de la información de manera intuitiva y mantener su atención.

Interacción entre Herramientas

Es importante destacar que estas herramientas no funcionan de manera independiente; interactúan entre sí para captar la atención y superar las reservas iniciales de los visitantes. Por ejemplo, un video puede complementarse con una infografía que resuma los puntos clave, mientras que un podcast puede reforzar los argumentos presentados en el texto de ventas.

El Arte de Vender

Vender en línea no se trata solo de presentar un producto o servicio, sino de contar una historia convincente que resuene con tus clientes potenciales. En este apartado, exploraremos un enfoque narrativo efectivo que se ha utilizado con éxito en grandes corporaciones: el proceso de venta basado en el **Conflicto, la Idealización, la Solución y la Urgencia**. Descubramos cómo esta narrativa puede transformar tus esfuerzos de ventas en línea y persuadir a los visitantes de tu Página de Ventas a dar el paso de convertirse en clientes.

Conflicto: Despertando la Conciencia

El primer paso en el proceso de venta es exponer el conflicto. Aquí, presentamos el problema de manera que los visitantes tomen conciencia de que existe un obstáculo en sus vidas que desean superar. Utiliza frases como 'Muchas personas ignoran que...', 'Cada vez que tenemos prisa, no encontramos...', o 'Nuestra prenda favorita se ha llenado de lodo...', para destacar un problema evidente y molesto que tu producto o servicio puede resolver.

Idealización: Pintando un Mundo Mejor

La segunda etapa implica idealizar un mundo en el que el problema se resuelve de manera rápida y efectiva. Aquí, presentamos una visión atractiva y positiva de cómo sería la vida sin el conflicto. Utiliza frases como 'Imagine si usted pudiera encontrar...', 'Piense en el tráfico que tendría si su Sitio Web aparece en los primeros lugares de Google...', o 'Qué bueno sería tener una lavadora que limpie nuestra prenda favorita sin maltratarla...'. También puedes acentuar la gravedad del problema con frases como 'Este problema nos quita mucho tiempo en el día...' o 'Ya estamos cansados de que la ropa se maltrate en cada lavada...'.

Solución: La Respuesta a los Problemas

En la tercera fase, presentamos la solución a los problemas planteados en las etapas anteriores. Al igual que en los comerciales de televisión, destacamos la solución como la respuesta definitiva. Utiliza frases entusiastas como 'La solución es *MÁSTER WASHER*...', seguidas de 'Adiós a los problemas de fatiga...'. Esta narrativa debe incorporarse en todos los aspectos de tu estrategia de ventas en línea, incluidos videos, podcasts, infografías y el cuerpo del texto en tu Página de Ventas.

Urgencia: La Llamada a la Acción

Finalmente, creamos la urgencia para impulsar a los visitantes a tomar medidas inmediatas. Utiliza frases como 'Compre ahora', 'Son los últimos días...', o 'Si se inscribe en los próximos 20 minutos, recibirá...'.

Argumenta la oportunidad de adquirir el producto o servicio ahora mismo y subraya la importancia de actuar de inmediato.

El objetivo es llevar al visitante a la ficha del producto, donde encontrará las características técnicas y los últimos argumentos que lo convencerán de realizar la compra.

Ligas y Botones

Veamos ahora cómo utilizar ligas y botones de manera efectiva en tu estrategia de ventas en línea, desde el 'Call to Action' en tu correo electrónico hasta el botón 'COMPRE AHORA' en la ficha del producto. Descubramos cómo diseñar estos elementos para aumentar las tasas de conversión y medir el éxito de tu estrategia.

Ligas en el Correo Electrónico: El 'Call to Action'

En el correo electrónico, una liga bien visible es esencial para atraer la atención del destinatario y alentarlo a dar clic. Esto se conoce como un 'Call to Action' o 'Llamado a la Acción'. Aunque por cuestiones técnicas no podemos utilizar botones, una liga bien diseñada puede ser igual de efectiva. Asegúrate de que sea clara y relevante para el contenido del correo electrónico.

Botones en la Página de Ventas: 'LEER MÁS'

En la Página de Ventas, tienes la libertad de utilizar botones, y uno de los más importantes es el botón 'LEER MÁS'. Este botón debe ser colocado estratégicamente después de cada etapa en tu argumentación de ventas. Su función es llevar al visitante a obtener más información sobre el producto o servicio sin que se sienta abrumado. El diseño del botón debe ser llamativo pero no agresivo, y su posición debe ser fácilmente visible.

Botón de Compra en la Ficha del Producto: 'COMPRE AHORA'

En la ficha del producto, el botón de compra es el elemento más crítico. Debe ser llamativo pero no intrusivo, y su texto debe ser directo y claro: 'COMPRE AHORA'. Este botón es el paso final en el proceso de compra y debe estar ubicado en un lugar destacado. El color del botón debe ser coherente con la paleta de colores de tu sitio web, lo que lo hace atractivo pero no agresivo.

El Poder de Bitly y la Medición de Conversiones

Recomendamos utilizar el servicio de Bitly para acortar las URL de tus páginas y obtener estadísticas sobre los clics que reciben en cada etapa de tu Sistema de Ventas. Esto es esencial para medir el éxito de tu estrategia y calcular las tasas de conversión en cada etapa. Las tasas de conversión son un indicador clave de qué tan efectiva es tu estrategia para convertir prospectos en clientes. Bitly te proporcionará información valiosa para ajustar y mejorar tu estrategia en curso.

Seguimiento y Automatización

Una de las ventajas más poderosas del comercio electrónico es la capacidad de automatizar gran parte del proceso de ventas. Desde el envío de correos electrónicos hasta la compra final, todo puede ser gestionado automáticamente. Sin embargo, es crucial dar seguimiento y evaluar regularmente el rendimiento de tu estrategia para asegurarte de que estás obteniendo los resultados deseados. Descubre cómo puedes optimizar tu estrategia de comercio electrónico a través del seguimiento y la automatización, utilizando herramientas como Bitly y Google Analytics para medir el éxito de tu campaña.

Automatización de eMails: La Clave del Éxito

Em primer lugar, es importante tener en cuenta que no todos los eMails llegarán a su destino. En promedio, alrededor del 30% de los eMails no llegarán a su destinatario. Si encuentras que tienes más del 30% de eMails que no llegan a destino, es crucial revisar si las direcciones de correo electrónico son correctas. Si no es así, busca otras direcciones y programa tus envíos nuevamente.

El Seguimiento con Bitly y Google Analytics

Para evaluar el rendimiento de tu estrategia, es esencial contar con datos concretos. Aquí es donde herramientas como Bitly y Google Analytics juegan un papel crucial. Bitly te permite acortar las URL de tus páginas y rastrear los clics que reciben en cada etapa de tu Sistema de Ventas. Esto te proporciona información valiosa sobre cuántas personas están interactuando con tu contenido y avanzando en el proceso de compra.

Página de Ventas: ¿Está Convirtiendo?

Cuando los visitantes llegan a tu Página de Ventas, es importante evaluar si están convirtiendo. Si tienes 14 personas o más que llegan a tu Página de Ventas por cada 100 envíos, todo parece estar funcionando bien. Sin embargo, si solo un pequeño porcentaje de ellos, digamos solo 3 de cada 100, llegan a la ficha del producto, es una señal de que algo no está funcionando en tu Página de Ventas. No dudes en corregir o cambiar lo que sea necesario para aumentar la tasa de conversión en esta etapa.

Ficha del Producto: El Momento de la Verdad

La ficha del producto es donde ocurre la acción final: la compra. En promedio, alrededor del 3% de los envíos resultan en una compra. Si tienes más de 3 ventas por cada 100 envíos, estás en buen camino. Sin embargo, si no estás alcanzando esta tasa de conversión, es hora de revisar y ajustar la ficha del producto. Asegúrate de que esté claramente presentada y que los beneficios del producto sean evidentes para el visitante.

Una Página de Ventas Exitosa

Hemos recorrido un camino completo a través de las diferentes etapas de una Página de Ventas; desde los argumentos persuasivos hasta el proceso de ventas y las estadísticas de conversión, hemos desglosado los componentes esenciales para crear una Página de Ventas verdaderamente exitosa. En esta conclusión, resumiremos las claves principales que debes recordar para triunfar en el competitivo mundo del comercio electrónico.

Argumentos Persuasivos: La Base del Éxito

Los argumentos persuasivos son la base de cualquier Página de Ventas exitosa. Debes identificar el conflicto que tu producto o servicio resuelve, idealizar un mundo mejor gracias a él y presentar una solución convincente. La narrativa de **conflicto, idealización, solución y urgencia** es una herramienta poderosa para guiar a tus visitantes hacia la compra. Recuerda que el objetivo es convencer al visitante de que tu producto es la solución que están buscando.

Etapas Clave del Proceso de Ventas

El proceso de ventas consta de varias etapas clave que debes tener en cuenta para maximizar las tasas de conversión. Desde el correo electrónico inicial hasta la ficha del producto, cada etapa debe diseñarse de manera efectiva para guiar al visitante a través del proceso. Asegúrate de que cada paso sea claro y convincente, y utiliza herramientas como videos, infografías y podcasts para reforzar tus argumentos.

Estadísticas de Conversión

El seguimiento y la medición son fundamentales para el éxito en el comercio electrónico. Utiliza herramientas como Bitly y Google Analytics para rastrear las tasas de conversión en cada etapa de tu Sistema de Ventas. Si encuentras que una etapa no está convirtiendo como se esperaba, no dudes en realizar ajustes y mejoras. La optimización constante es la clave para mantener y aumentar el éxito de tu estrategia de ventas en línea.

Resumen de la Plataforma de Ventas

1. *La Plataforma de Ventas*

La Plataforma de Ventas es una herramienta fundamental en el mundo del comercio electrónico. Actúa como el primer punto de contacto con los prospectos y desempeña un papel clave en la conversión de estos en clientes satisfechos. Ya sea que la llames Página de Aterrizaje, Página de Ventas, Landing Page o Plataforma de Ventas, su función esencial es la misma: informar, persuadir y facilitar la conversión. La optimización para SEO es crucial para asegurar que esta página sea visible y efectiva.

2. *El Catálogo Virtual*

La estructura de un Catálogo Virtual en el comercio electrónico es una pieza clave en la estrategia de ventas en línea. Dirigir a los internautas a páginas específicas dentro del catálogo, utilizando correos electrónicos y enlaces estratégicos, aumenta significativamente las posibilidades de conversión. Ya sea optando por micro sitios ONE PAGE o una página principal con productos destacados, la elección depende de la estrategia de la empresa, pero ambas opciones pueden ser efectivas.

Recuerda siempre mantener el enfoque en la venta y evitar distracciones innecesarias para lograr el éxito en el comercio electrónico.

3. *Fotos Espectaculares*

Las fotos espectaculares desempeñan un papel fundamental en el comercio electrónico al influir en las decisiones de compra de los clientes. Ya sea que utilices fotos propias, del fabricante o figurativas, la calidad y la legalidad de estas imágenes son cruciales. Asegúrate de utilizar fotos de alta resolución y, al mismo tiempo, respeta los derechos de autor al elegir imágenes bajo licencia Creative Commons o Copy Left. Con fotos impactantes y legales, estarás en el camino correcto para atraer y convertir a tus clientes en el competitivo mundo del comercio electrónico.

4. *Una Plantilla Atractiva para tu Página de Ventas*

La creación de una plantilla atractiva y responsiva para tu Página de Ventas es esencial para el éxito en el comercio electrónico. Mantener la coherencia de colores, utilizar Sitios Google para un diseño intuitivo, aprovechar los colores web y verificar en una variedad de dispositivos son pasos clave para garantizar una presentación visual efectiva. Con una plantilla bien diseñada y adaptada a diversos dispositivos, estarás listo para captar la atención de tus clientes potenciales y guiarlos hacia la conversión en el mundo del comercio electrónico.

5. Sin Olvidar los 'Tres Clics'

La 'Regla de los Tres Clics' es un principio valioso en el comercio electrónico que se basa en la experiencia de los profesionales en el campo. Garantizar que los visitantes puedan encontrar lo que buscan o avanzar al proceso de compra en tres clics o menos mejora significativamente la experiencia del usuario y aumenta las posibilidades de conversión. Además, después de la conversión, la dirección de correo electrónico del cliente se convierte en una herramienta valiosa para estrategias de upsell. Al aplicar esta regla y enfocarse en la optimización de la experiencia del usuario, estarás en el camino correcto para el éxito en el mundo del comercio electrónico.

6. El Poder del Video

El video es una herramienta poderosa en el comercio electrónico que puede marcar la diferencia en la comunicación con tus clientes y en el aumento de las ventas. Aprovecha los recursos disponibles para crear videos de alta calidad y diversifica tu contenido para abordar las diversas necesidades de tu audiencia. Integra tus videos de manera estratégica en tu Página de Ventas y en plataformas como YouTube para maximizar su impacto. Con el video como aliado, estarás en el camino correcto para cautivar a tus clientes y llevar tus ventas en línea al siguiente nivel.

7. *Aprovecha el Podcast*

El podcast es una herramienta valiosa en el comercio electrónico que se ha mantenido relevante y poderosa en el siglo XXI. Su capacidad para contar historias de una manera envolvente y su comodidad para los oyentes ocupados lo convierten en un recurso imprescindible. Al integrar un podcast en tu Página de Ventas, puedes persuadir a los visitantes y llevarlos un paso más cerca de convertirse en clientes. Aprovecha el poder del sonido para conectar con tu audiencia y aumentar las conversiones en tu tienda en línea.

8. *Una Página de Ventas Poderosa*

La Página de Ventas es un componente crucial en el comercio electrónico y debe centrarse en persuadir a los visitantes de que tu producto o servicio es la solución que están buscando. La clave está en proporcionar información relevante de manera convincente sin abrumar a tus potenciales clientes. Utiliza una combinación de herramientas, como videos, infografías, podcasts, textos de ventas y un diseño agradable, para guiar a los visitantes hacia la ficha del producto y llevarlos un paso más cerca de la conversión. La efectividad de tu Página de Ventas reside en su capacidad para convencer sin aburrir.

9. El Proceso de Venta

El proceso de venta basado en el **Conflicto, la Idealización, la Solución y la Urgencia** es una narrativa poderosa que puede transformar tus esfuerzos de ventas en línea. Al contar una historia que resuene con los problemas y deseos de tus clientes potenciales, puedes persuadirlos a dar el paso de convertirse en clientes. Aprovecha esta estrategia narrativa en todas las etapas de tu estrategia de marketing en línea para crear un viaje de compra convincente y efectivo. El arte de vender se trata de contar una historia que cambie la perspectiva de tus clientes potenciales y los lleve a actuar.

10. *Botones y Ligas que inciten a la Compra*

Las ligas y botones desempeñan un papel crucial en tu estrategia de comercio electrónico. Desde el 'Call to Action' en tu correo electrónico hasta el botón 'COMPRE AHORA' en la ficha del producto, estos elementos guían a tus visitantes a través del proceso de compra. Diseña tus ligas y botones de manera efectiva, utilizando un lenguaje persuasivo y asegurándote de que sean visibles pero no intrusivos. Utiliza herramientas como Bitly para medir las tasas de conversión y ajustar tu estrategia en función de los datos obtenidos. Con la atención adecuada a estos detalles, puedes maximizar la efectividad de tu estrategia de ventas en línea y aumentar las tasas de conversión.

11. *Automatiza*

La automatización es una herramienta poderosa en el comercio electrónico, pero el seguimiento y la evaluación son igualmente importantes. Utiliza herramientas como Bitly y Google Analytics para medir el éxito de tu estrategia y asegurarte de que cada etapa de tu Sistema de Ventas esté funcionando de manera efectiva. Si encuentras áreas que necesitan mejoras, no dudes en realizar cambios y ajustes. Con un enfoque constante en la optimización, puedes aumentar tus tasas de conversión y lograr un éxito continuo en tu estrategia de comercio electrónico.

12. El Éxito está a tu Alcance

Con estos conocimientos y herramientas a tu disposición, estás preparado para construir una Página de Ventas verdaderamente exitosa en el comercio electrónico. Recuerda que la persuasión, el proceso de ventas bien estructurado y el seguimiento continuo son las claves para el éxito. El comercio electrónico es competitivo, pero con determinación y enfoque en la mejora constante, puedes alcanzar tus metas. ¡Buena suerte en tu camino hacia el éxito en el comercio electrónico!

Bases de Datos

Consejos y Precauciones

Las bases de datos juegan un papel crucial en el mundo del comercio electrónico. Permiten a las empresas recopilar, almacenar y gestionar información valiosa sobre sus clientes, lo que a su vez les permite crear estrategias de marketing personalizadas y mejorar la experiencia del cliente. Sin embargo, es importante abordar este tema con responsabilidad y ética. En este libro, discutiremos las bases de datos en el comercio electrónico, brindaremos consejos útiles y destacaremos la importancia de utilizar esta información de manera responsable.

DISCLAIMER

Responsabilidad y Ética en el Uso de Datos

Antes de sumergirnos en los detalles de las bases de datos en el comercio electrónico, es crucial comprender que todos los datos, tácticas, métodos y líneas de código que se presentan en este curso se proporcionan con fines pedagógicos. Cualquier uso malintencionado o fuera de los objetivos pedagógicos no es responsabilidad nuestra y quedamos exentos de cualquier denuncia por parte de terceros. La ética y la responsabilidad son fundamentales en la recopilación y el uso de datos.

La Importancia de las Bases de Datos en el Comercio Electrónico

Las bases de datos son la columna vertebral del comercio electrónico. Permiten a las empresas conocer a sus clientes en profundidad, desde sus preferencias de compra hasta su historial de navegación en el sitio web. Esto, a su vez, permite a las empresas personalizar sus estrategias de marketing, ofreciendo a los clientes productos y servicios que se ajusten a sus necesidades específicas. También facilitan la comunicación y la interacción con los clientes, lo que puede mejorar significativamente la retención y la satisfacción del cliente.

Consejos para la Gestión de Bases de Datos

1. Recopilación Ética de Datos: Asegúrate de obtener el consentimiento claro y explícito de los clientes antes de recopilar sus datos. Cumple con todas las regulaciones de privacidad de datos aplicables, como

el Reglamento General de Protección de Datos (GDPR) en Europa.

2. Almacenamiento Seguro: Garantiza que los datos se almacenen de manera segura utilizando medidas de seguridad robustas para proteger la información del cliente contra posibles violaciones.

3. Actualización Continua: Mantén tus bases de datos actualizadas y precisas. Elimina regularmente datos obsoletos o incorrectos para garantizar que estés trabajando con información precisa y útil.

4. Personalización Responsable: Utiliza la información recopilada para ofrecer a los clientes una experiencia personalizada, pero evita la invasión de la privacidad. No abuses de los datos personales de los clientes y respeta sus preferencias.

Regalos y Suscripciones

Construir y mantener bases de datos sólidas es esencial para el éxito. Una estrategia efectiva para obtener información de contacto valiosa es ofrecer regalos o incentivos a cambio de correos electrónicos o suscripciones. En este libro, exploraremos estas estrategias y cómo pueden ayudarte a crear una base de datos sólida y comprometida.

Regala Algo a Cambio de Correos Electrónicos

Ofrecer un regalo o incentivo a cambio de direcciones de correo electrónico es una táctica clásica en el comercio electrónico. Los expertos en marketing en línea recomiendan esta estrategia como una forma efectiva de construir bases de datos. Puedes regalar diversos elementos, como un servicio gratuito, un producto de muestra, un descuento especial o incluso un libro electrónico relevante para tu nicho.

Sin embargo, es importante encontrar un equilibrio. Algunas empresas cometen el error de regalar lo mismo a cambio de múltiples direcciones de correo electrónico, lo que puede ser contraproducente y reducir la calidad de los suscriptores. En lugar de esto, considera ofrecer un regalo valioso a cambio de una única dirección de correo electrónico o una suscripción al boletín informativo.

Utiliza Autorespondedores para una Comunicación Efectiva

Una herramienta clave para implementar esta estrategia es el uso de autorespondedores. Estas herramientas te permiten enviar automáticamente una serie de correos electrónicos a los suscriptores a lo largo del tiempo. Por ejemplo, puedes programar una secuencia de 15 boletines informativos, uno por semana.

Cada boletín puede contener información relevante, consejos útiles y enlaces a las ofertas que tu empresa promociona en su tienda en línea. Esta estrategia no solo te permite construir una base de datos, sino también mantener una comunicación regular y significativa con tus suscriptores.

Mezclando Bases de Datos para un Mayor Alcance

Una ventaja de esta estrategia es que te permite tener una base de datos regular y una base de datos adquirida por otros medios. Esto puede ser beneficioso para diversificar tu audiencia y aumentar el alcance de tus campañas de marketing. Sin embargo, es esencial ser transparente con respecto a la fuente de los datos y cumplir con las regulaciones de privacidad de datos aplicables.

Acelerando el Éxito

El término 'Growth Hacking' se ha vuelto una práctica fundamental para las grandes corporaciones y las empresas en crecimiento en el mundo del comercio electrónico. Es un enfoque estratégico que busca acelerar la adquisición de bases de datos, mejorar el posicionamiento en los motores de búsqueda, generar tráfico hacia las tiendas en línea, obtener valiosos backlinks y mucho más. En este libro, exploraremos en qué consiste el Growth Hacking y cómo puede ayudar a impulsar tu negocio en línea.

Growth Hacking: Más que una Traducción Literal

La traducción literal de 'Growth Hacking' podría ser 'Hacking de Crecimiento', pero preferimos considerarlo como 'Atajos hacia el Crecimiento'. La razón es simple: esta estrategia busca encontrar formas creativas y eficientes de alcanzar el crecimiento empresarial de manera más rápida y efectiva.

Necesidad de Atajos en el Comercio Electrónico

El enfoque de Growth Hacking se vuelve especialmente valioso para nuevos negocios y tiendas en línea de reciente creación. Estas empresas a menudo carecen de tráfico en sus sitios web, no se encuentran en las primeras páginas de los motores de búsqueda y no disponen de una base de datos de clientes regulares a los que puedan dirigirse con ofertas.

En este contexto, el Growth Hacking se convierte en un aliado esencial. Proporciona estrategias y técnicas que les permiten superar rápidamente estos obstáculos y acelerar su crecimiento en línea.

Aclarando la Noción de 'Hacking'

La palabra "Hacking" a menudo se asocia con connotaciones negativas, pero en el contexto del Growth Hacking, se refiere a encontrar soluciones creativas y efectivas para problemas específicos de crecimiento empresarial.

Es similar a buscar atajos o soluciones ingeniosas para lograr resultados más rápidos y eficientes.

Beneficios del Growth Hacking

Utilizar técnicas de Growth Hacking en tu negocio de comercio electrónico tiene múltiples beneficios:

1. Ahorro de Tiempo: El Growth Hacking te permite lograr resultados más rápidos y efectivos, lo que ahorra tiempo en la adquisición de clientes y la mejora del posicionamiento en línea.

2. Ahorro de Dinero: Al encontrar enfoques más efectivos y eficientes, puedes reducir tus costos de adquisición de clientes y marketing.

3. Competitividad: Te ayuda a competir con grandes corporaciones al permitirte crecer rápidamente en el mercado en línea.

4. Innovación: Fomenta la creatividad y la innovación al buscar constantemente nuevas formas de mejorar el crecimiento.

Los Buscadores

Tus Mejores Aliados para Adquirir Bases de Datos en el Comercio Electrónico

En el mundo del comercio electrónico, encontrar y adquirir bases de datos de calidad es esencial para el crecimiento de tu negocio. Los buscadores, en particular Google, se convierten en tus aliados más confiables para esta tarea. En este libro, exploraremos cómo aprovechar los motores de búsqueda para obtener valiosas bases de datos y aumentar tu presencia en línea.

Google: Más que un Motor de Búsqueda

Google es mucho más que un simple motor de búsqueda; es un poderoso aliado en la adquisición de bases de datos. Sus avanzados algoritmos no solo responden a tus preguntas, sino que también interpretan tus intenciones y adaptan las respuestas en función de tu historial y preferencias.

La Importancia de una Cuenta Especial para Tu Empresa

Para maximizar los beneficios de Google en la búsqueda de bases de datos, es recomendable crear una cuenta especial para tu empresa. Al utilizar una computadora dedicada exclusivamente a tu negocio y abstenerse de iniciar sesión con cuentas personales o visitar redes sociales, evitas la 'contaminación' de resultados. Esto garantiza que las respuestas estén relacionadas con tu sector de actividad y no influenciadas por tus gustos personales.

Google Adapta las Respuestas a Tus Datos

Los algoritmos de Google recopilan y utilizan información sobre ti para ofrecer respuestas adaptadas. Esto incluye tu ubicación, historial de navegación, consultas anteriores y otros datos relevantes. A medida que interactúas con la plataforma, los resultados se vuelven más específicos y relevantes para tu negocio.

Facebook y su Enfoque Local

Facebook también ha avanzado en esta dirección, con un motor de búsqueda que prioriza la ubicación geográfica. Esto significa que se te dirigirá hacia prospectos que se encuentran en tu área geográfica, lo que puede ser beneficioso para el comercio local pero limitante para otros negocios en línea.

El Secreto para Acceder a Información Estratégica en la Web

En el mundo de las búsquedas en línea, existe un secreto bien guardado que pocos conocen: los 'Dorks'. Estas pequeñas líneas de código te permiten comunicarte con los buscadores de una manera avanzada y obtener información estratégica de manera eficiente. Aunque los Dorks suenan misteriosos, en realidad son una herramienta poderosa para encontrar lo que necesitas en la web.

Los Dorks y su Origen Underground

Aunque el término 'Dorks' es relativamente nuevo, la práctica existe desde los primeros días de Google, en lo que podríamos llamar el ambiente underground de la web. Estas búsquedas avanzadas, también conocidas como 'Hacks' o 'Búsquedas Avanzadas,' permiten a los usuarios obtener respuestas específicas de los motores de búsqueda.

El Poder de los Dorks de Google

En esta sección, nos centraremos en los principios de los Dorks para Google, uno de los motores de búsqueda más influyentes. Los Dorks aprovechan una combinación de términos en inglés y símbolos de programación para formular preguntas que Google puede entender y responder.

Ejemplos de Dorks: Abriendo Servidores

Un ejemplo de Dork es el siguiente: ` ?intitle:index.of ? csv + 'clientes'`. Desglosemos este código:

- *El signo de interrogación inicial indica el comienzo de una pregunta.*

- *`INTITLE:INDEX.OF` indica que estamos buscando servidores abiertos.*

- *El segundo signo de interrogación confirma la pregunta.*

- *`CSV` es el formato que buscamos.*

- *El signo de más `+` se traduce como 'cuyo título contenga'.*

- *'Clientes' es la palabra clave que queremos encontrar en el título.*

Google interpreta esto como: 'Muéstrame servidores abiertos que tengan documentos en formato CSV en su título y que contengan la palabra 'clientes'. La magia de los Dorks es que Google te mostrará páginas y páginas de resultados que cumplen con estos criterios.

Búsquedas por Tipo de Documento y Contenido

Otro tipo de Dork se usa para buscar documentos específicos por su tipo y contenido. Por ejemplo, `filetype:csv intext:@gmail.com` se traduce como 'Muéstrame documentos CSV que contengan '@gmail.com' en su contenido'. Los elementos clave aquí son:

- `FILETYPE:` *para especificar el tipo de documento.*

- `INTEXT:` *para buscar contenido específico.*

- *'caperucita roja' entre comillas para encontrar documentos que contengan esta frase en su contenido.*

Cámaras de Comercio

Un Tesoro de Clientes Potenciales

Las Cámaras de Comercio, tanto a nivel local como internacional, ofrecen a las empresas una valiosa lista de sus miembros. Esta lista es un recurso invaluable para la prospección de clientes potenciales. Es importante destacar que el envío de correos electrónicos a empresas miembro de una Cámara de Comercio no se considera spam, ya que se trata de una propuesta comercial entre empresas (BtoB).

Cámaras de Comercio: Un Mundo de Oportunidades

Cada ciudad y país cuenta con su propia Cámara de Comercio o la representación de una Cámara Nacional de Comercio. Esto se traduce en una amplia red de oportunidades para las empresas en busca de nuevos clientes. En Iberoamérica en su conjunto alberga una gran cantidad de estas instituciones.

Cómo Acceder a las Listas de Miembros

Para acceder a las listas de miembros de una Cámara de Comercio, puedes comenzar por buscar en el motor de búsqueda interno del sitio web de la entidad en cuestión. Algunas Cámaras ofrecen esta información de manera pública, lo que facilita tu labor de prospección.

Utiliza Dorks para Refinar tu Búsqueda

Si la búsqueda interna no arroja resultados, puedes recurrir a una técnica llamada 'Dork' para buscar documentos específicos alojados en el servidor de la Cámara de Comercio. Un ejemplo de Dork sería `filetype:pdf site:camaradecomercio.com` (o el dominio correspondiente). Esta consulta le indicará a Google que deseas encontrar todos los documentos públicos en formato PDF que se encuentren en el servidor de la Cámara de Comercio en cuestión.

Descubriendo Direcciones de Correo Electrónico Útiles

Algunos de los documentos que encuentres utilizando esta técnica pueden contener direcciones de correo electrónico de empresas miembro. Estas direcciones de correo electrónico pueden convertirse en valiosos contactos para tus campañas de marketing y ventas.

Institutos de Estadísticas

Un Tesoro de Datos y Contactos Empresariales

Los Institutos de Censo y Estadísticas desempeñan un papel crucial en la recopilación de datos tanto de la población en general como de las empresas. Lo que quizás no sepas es que muchos de estos datos son de acceso público y pueden descargarse de manera gratuita. Esto abre una puerta de oportunidades para la obtención de direcciones de correo electrónico y datos de contacto empresarial que podrían ser de gran valor para tus campañas de marketing y ventas en el comercio electrónico.

Explorando los Institutos de Estadísticas en Iberoamérica

En Iberoamérica, existen numerosos Institutos de Estadísticas y Censos que recopilan y almacenan una amplia gama de datos. Imagina la cantidad de direcciones de correo electrónico que podrías obtener si exploras estos recursos.

Datos Públicos al Alcance de tus Manos

Algunos de los datos recopilados por estos institutos son de dominio público, lo que significa que están disponibles para su descarga y uso libre. Esto abre un mundo de posibilidades para las empresas en busca de nuevos contactos y clientes.

Usando Dorks para una Búsqueda Eficiente

Para maximizar tu búsqueda de datos y direcciones de correo electrónico, puedes emplear la técnica de 'Dork'. Un ejemplo de Dork sería:

`filetype:csv intext:@gmail.com
site:centrodeestadisticas.com `

(o el dominio correspondiente). Al ingresar esta consulta en Google, le estás indicando que deseas encontrar documentos en formato CSV (utilizados para el manejo de estadísticas) que contengan la cadena '@gmail.com' en su texto y que se encuentren en el sitio web del instituto de estadísticas en cuestión.

La Posibilidad de Descubrimientos Inesperados

Esta búsqueda puede revelar documentos y datos que quizás no esperabas encontrar. La diversidad de información disponible en estos institutos de estadísticas puede proporcionarte valiosos contactos empresariales que, de otro modo, podrían pasar desapercibidos.

Oficinas de Gobierno

Una Fuente de Contactos Empresariales Inexplorada

Cada región, ciudad, estado y país cuenta con oficinas gubernamentales encargadas de asuntos comerciales y laborales. Estas instituciones, en su afán de transparencia, suelen mostrar datos de contacto de empresas locales. Lo que tal vez no sepas es que estos datos pueden convertirse en una valiosa fuente de contactos empresariales para tus estrategias de marketing y ventas en el ámbito del comercio electrónico.

Descubriendo Datos de Contacto en Oficinas de Gobierno

Las instituciones gubernamentales a menudo publican información relevante sobre empresas locales en sus sitios web. Esto puede incluir direcciones de correo electrónico que las empresas han declarado como contacto profesional. Estas direcciones pueden convertirse en valiosos recursos para tu negocio.

Usando Dorks para una Búsqueda Efectiva

Si descubres que las instituciones gubernamentales de tu región no muestran muchas direcciones de correo electrónico en sus sitios web, no te preocupes. Puedes utilizar la técnica de 'Dork' en Google para buscar documentos que puedan contener estos datos. Un ejemplo de Dork sería:

`filetype:pdf site:oficinadegobierno.com` (o el dominio correspondiente)

La Riqueza de los Documentos Gubernamentales

Estos documentos gubernamentales pueden albergar una variedad de datos valiosos, incluyendo direcciones de correo electrónico de empresas locales. Las oficinas gubernamentales a menudo trabajan con proveedores externos, lo que significa que esas direcciones de correo electrónico pueden estar disponibles para su uso.

Expande Tu Red de Contactos

Accede a las Bases de Datos de Grandes Corporaciones

¿Te has preguntado alguna vez si podrías acceder a la base de datos de las empresas que trabajan con las Grandes Corporaciones? En el mundo del comercio electrónico, conocer a los proveedores de materia prima es esencial para muchos negocios. Descubre cómo puedes utilizar Google para acceder a estas bases de datos de manera efectiva.

La Importancia de los Proveedores en el Comercio Electrónico

Muchas empresas en el comercio electrónico no producen todos los componentes necesarios para sus productos o servicios. En cambio, confían en proveedores externos para obtener la materia prima que necesitan. Estos proveedores son vitales para su operación y éxito.

Accediendo a las Bases de Datos de Grandes Corporaciones

Uno de los métodos efectivos para acceder a las bases de datos de proveedores de Grandes Corporaciones es utilizar motores de búsqueda como Google. Puedes interrogar directamente a Google sobre documentos que estén alojados en los servidores de estas Grandes Corporaciones. Estos documentos pueden estar en varios formatos, como PDF, TXT, XLS, XLSX o CSV.

Utilizando el Dork Apropiado

Para llevar a cabo esta búsqueda, necesitas usar una técnica conocida como 'Dork'. Un Dork específico para esta tarea se vería así:

`filetype:FORMATO site:DOMINIODELAGRANCORPORACION.com`

Debes ingresar el formato que deseas buscar en lugar de 'FORMATO' (por ejemplo, PDF o XLS) y el dominio de la Gran Corporación en lugar de

'DOMINIODELAGRANCORPORACION.com'

Un Formato a la Vez

Recuerda que debes buscar un formato a la vez. Esto significa que debes realizar búsquedas separadas para cada formato que desees consultar. Sin embargo, esta técnica puede proporcionarte acceso a información valiosa sobre los proveedores de Grandes Corporaciones.

Las Profundidades de la Web

Descubre Bases de Datos en Sitios Underground

La web es vasta y diversa, y eso incluye la existencia de sitios underground que a menudo esconden tesoros de información valiosa. ¿Alguna vez te has preguntado si podrías encontrar bases de datos en estos rincones ocultos de la web? En esta guía, exploraremos cómo puedes utilizar Google para buscar y acceder a bases de datos en sitios web underground.

Descubriendo el Mundo Underground

Los sitios underground son comunidades en línea que a menudo se dedican a discutir temas controvertidos, explorar vulnerabilidades de seguridad informática o simplemente compartir información que no es fácilmente accesible en la web convencional. Estos lugares pueden ser un tesoro de información poco convencional y valiosa. Navega con cuidado y moderación.

Utilizando Google para Explorar Sitios Underground

Una forma efectiva de descubrir bases de datos en sitios underground es utilizar Google. Puedes realizar búsquedas específicas utilizando una técnica conocida como 'Dork'. Un Dork bien formulado te permite preguntar a Google sobre la existencia de bases de datos en sitios web underground.

Creando el Dork Adecuado

Un ejemplo de un Dork que puedes usar para esta búsqueda sería: `site:sitiounderground.com filetype:FORMATO base de datos`. Aquí, debes reemplazar 'sitiounderground.com' con el nombre del sitio underground que deseas explorar y 'FORMATO' con el tipo de archivo que estás buscando (por ejemplo, PDF o CSV).

Precauciones a tomar

Es importante recordar que estos sitios underground a menudo operan en un área gris de la web y pueden contener contenido delicado o ilegal. Al explorar estos sitios, debes tener precaución y respetar las leyes y regulaciones locales. No recomendamos participar en actividades ilegales o poco éticas.

Organizando tus Tesoros

Preparando tus Bases de Datos para el Éxito

Has invertido tiempo y esfuerzo en recopilar valiosas direcciones de correo electrónico de empresas. Ahora es el momento de organizar tu tesoro digital para que esté listo para futuras acciones. En este libro, aprenderás cómo crear una base de datos organizada en formato Excel para facilitar tus futuros envíos y estrategias de marketing.

Utilizando Excel para la Organización

Excel, con sus formatos XLS o XLSX, es una herramienta poderosa para la organización de datos. Aquí te explicamos cómo usarlo para manejar tus direcciones de correo electrónico empresariales.

Paso 1: Crear una Hoja de Excel

Abre Excel y crea un nuevo documento. Puedes nombrar la hoja según tu preferencia, por ejemplo, 'Base de Datos Empresarial'.

Paso 2: Configurar Columnas

En la primera fila, crea encabezados para tus columnas. Algunos encabezados comunes podrían ser: 'Nombre de la Empresa', 'Correo Electrónico',

'Industria', 'Ubicación', entre otros, según la información que hayas recopilado.

Paso 3: Ingresar Datos

Comienza a ingresar los datos que has recopilado. Cada fila debe representar una empresa, con sus respectivos detalles en las columnas correspondientes.

Paso 4: Organizar y Segmentar

Utiliza las funciones de ordenamiento y filtrado de Excel para organizar tus datos según tus necesidades. Esto te permitirá segmentar tu base de datos en el futuro para dirigirte a públicos específicos.

Paso 5: Guardar y Respaldo

Guarda tu documento de Excel y realiza copias de seguridad regulares para evitar la pérdida de datos.

Paso 6: Mantenimiento Continuo

A medida que recopiles más direcciones de correo electrónico o actualices la información existente, asegúrate de mantener tu base de datos al día.

Adquisición de Clientes

El Secreto de las Grandes Corporaciones

Recopilar bases de datos efectivas es un paso crucial para el éxito de cualquier estrategia de marketing en línea. En este libro, no solo hemos explorado diversas técnicas para adquirir bases de datos, sino que también te brindamos información adicional sobre cómo las Grandes Corporaciones se organizan para recopilar datos de manera regular y efectiva.

El Secreto de las Grandes Corporaciones

Las Grandes Corporaciones no dejan nada al azar cuando se trata de captar clientes en línea. Siguen un proceso estratégico que puede parecer sencillo, pero es altamente efectivo. Aquí está el secreto detrás de su éxito:

Paso 1: Desarrollar un Sitio Web Funcional

El primer paso es tener un sitio web completamente operativo. Esto es la base de todas las estrategias de captura de clientes en línea.

Paso 2: Implementar Formularios de Registro

En su sitio web, implementan formularios de registro que permiten a las personas dejar su información de contacto. Estos formularios deben ser fáciles de llenar y no requerir demasiada información inicialmente.

Paso 3: Ofrecer Incentivos

Para incentivar a las personas a compartir su información de contacto, las Grandes Corporaciones ofrecen algo a cambio. Esto podría ser un informe gratuito, un libro electrónico, un libro de interés o cualquier recurso que sea valioso para el usuario.

Paso 4: Creación y Distribución de Contenido

Generar contenido de calidad es fundamental. Las Grandes Corporaciones escriben y distribuyen libros en línea en portales relacionados con su temática. Esto aumenta su visibilidad y atrae a posibles clientes interesados en su industria.

Paso 5: Participación en Comunidades en Línea

Identifican foros y grupos de discusión relevantes para su nicho de mercado y participan activamente en ellos. Esto les permite conectarse con posibles clientes y establecer su experiencia en el campo.

Paso 6: Compromiso a Largo Plazo

La captura de clientes en línea es un compromiso a largo plazo. Las Grandes Corporaciones comprenden que se necesita tiempo para construir relaciones y convertir a los prospectos en clientes. Mantienen una estrategia constante y sostenida.

Resumen sobre las Bases de Datos

1. *Uso Responsable de las Bases de Datos*

Las bases de datos desempeñan un papel fundamental en el éxito del comercio electrónico, pero es esencial utilizar esta información de manera responsable y ética. Cumplir con las regulaciones de privacidad de datos y respetar la privacidad de los clientes es primordial. Al hacerlo, puedes aprovechar al máximo el potencial de las bases de datos para mejorar la experiencia del cliente y aumentar tus ventas en línea. La ética y la responsabilidad son valores fundamentales en el mundo de las bases de datos en el comercio electrónico.

2. *Construyendo Bases de Datos Comprometidas*

Ofrecer regalos o incentivos a cambio de direcciones de correo electrónico o suscripciones es una estrategia efectiva para construir bases de datos comprometidas en el comercio electrónico. Al utilizar autorespondedores, puedes mantener una comunicación efectiva con tus suscriptores y dirigirlos hacia tus ofertas y productos de manera estratégica. Recuerda siempre ser transparente y ético en tus prácticas de recopilación de datos y cumplir con las regulaciones de privacidad de datos vigentes. Con esta estrategia, puedes fortalecer tus bases de datos y aumentar la efectividad de tus estrategias de marketing en línea.

3. *Aprovecha el Growth Hacking*

El Growth Hacking es una estrategia esencial para acelerar el éxito de tu negocio de comercio electrónico. Al aprovechar atajos creativos y eficientes, puedes ahorrar tiempo, dinero y posicionarte de manera competitiva en el mercado en línea. No es solo una práctica de grandes corporaciones; cualquier negocio en crecimiento puede beneficiarse de las tácticas de Growth Hacking para lograr un crecimiento rápido y sostenible en el mundo digital.

4. *Tus Mejores Aliados*

Los motores de búsqueda, como Google, son tus aliados clave para adquirir bases de datos en el comercio electrónico. Aprovecha la capacidad de Google para adaptar las respuestas según tus necesidades empresariales y sector de actividad. Al crear una cuenta especializada y usar una computadora dedicada, podrás obtener datos valiosos para impulsar el crecimiento de tu negocio en línea. La clave está en saber cómo hacer las preguntas adecuadas y aprovechar al máximo estas potentes herramientas.

5. Un Secreto Bien Guardado

Tu Aliado en la Búsqueda de Información Estratégica. Los Dorks son un secreto bien guardado que te permite acceder a información estratégica en la web. Puedes personalizar tus Dorks y crear combinaciones infinitas para encontrar exactamente lo que necesitas en el formato deseado. Domina esta herramienta y podrás desbloquear un mundo de oportunidades para tu negocio en línea. La paciencia y la creatividad son tus mejores aliados en este viaje de búsqueda de datos valiosos.

6. Aprovecha las Oportunidades de las Cámaras de Comercio

Las Cámaras de Comercio son una fuente inagotable de oportunidades para las empresas en busca de clientes potenciales. Aprovechar sus listas de miembros y documentos públicos a través de técnicas de búsqueda inteligente te permitirá expandir tu red de contactos y aumentar tus posibilidades de éxito en el mundo del comercio electrónico.

7. Aprovecha los Recursos de los Institutos de Estadísticas

Los Institutos de Estadísticas son una fuente rica en datos y contactos empresariales que a menudo se pasan por alto. Aprovechar estos recursos mediante técnicas de búsqueda inteligente y la exploración de datos públicos puede abrir nuevas oportunidades para tu negocio en el mundo del comercio electrónico. No subestimes el potencial de esta fuente de información y contactos en tu estrategia de marketing y ventas.

8. Aprovecha los Recursos Gubernamentales

Las oficinas gubernamentales son una fuente subutilizada de contactos empresariales. Aprovechar esta oportunidad puede ayudarte a expandir tus redes de contactos y aumentar tus posibilidades de éxito en el comercio electrónico. No subestimes el valor de estos datos proporcionados por instituciones gubernamentales en tu estrategia de marketing y ventas.

9. Expandiendo Tu Red de Contactos

Acceder a las bases de datos de proveedores de Grandes Corporaciones puede ser una estrategia efectiva para expandir tu red de contactos y encontrar nuevos socios comerciales en el mundo del comercio electrónico. No subestimes el valor de esta técnica para tu negocio, ya que puede proporcionarte una ventaja competitiva en el mercado. ¡Explora estas oportunidades y amplía tus horizontes en el comercio electrónico!

10- *Explora el Lado Menos Conocido de la Web*

Explorar sitios underground puede abrir una ventana a un mundo de información oculta. Si eres un investigador, un profesional de la seguridad informática o simplemente alguien curioso, esta técnica de búsqueda puede ayudarte a descubrir bases de datos valiosas. Sin embargo, siempre procede con cuidado y ética al explorar estos rincones menos conocidos de la web.

11. *Preparado para el Éxito*

Con una base de datos bien organizada en Excel, estarás listo para futuras estrategias de marketing y envíos de correo electrónico. La organización te permitirá segmentar tu audiencia y dirigirte a los destinatarios adecuados en el momento adecuado. ¡Tu tesoro de direcciones de correo electrónico empresariales está listo para ser utilizado con eficacia!

12. *Un Enfoque Estratégico*

Las Grandes Corporaciones no dejan nada al azar cuando se trata de captar clientes en línea. Siguiendo estos pasos estratégicos, logran construir bases de datos sólidas y efectivas. Al adaptar estas estrategias a tu propio negocio, podrás aprovechar al máximo las oportunidades de marketing en línea y garantizar el crecimiento continuo de tu empresa. La captura de clientes en línea es un proceso en evolución, y el compromiso a largo plazo es la clave para el éxito continuo.

Email Marketing

El Secreto de las Conversiones en Comercio Electrónico

El Email Marketing ha sido una herramienta fundamental en el mundo del Comercio Electrónico durante años. Es como entregar volantes en la calle, pero en el mundo digital. Al igual que con los volantes físicos, algunos destinatarios ignorarán los correos electrónicos, otros los leerán pero no tomarán acción de inmediato, y una pequeña porción realizará una compra. Sin embargo, lo que hace que el Email Marketing sea tan poderoso es su capacidad para convertir a un porcentaje significativamente mayor de destinatarios en compradores en comparación con los volantes tradicionales.

En esta sección, exploraremos uno de los secretos más eficaces para aumentar las conversiones en el Comercio Electrónico a través del Email Marketing.

La Importancia de la Segmentación

Uno de los factores clave para el éxito del Email Marketing es la segmentación. ¿Qué significa esto? En lugar de enviar el mismo correo electrónico a toda tu lista de suscriptores, debes dividir tu lista en grupos más pequeños según ciertos criterios, como intereses, comportamiento de compra previo o ubicación geográfica. Esto te permite personalizar tus mensajes y ofertas para cada grupo, lo que aumenta la relevancia y la posibilidad de conversión.

Segmentación por Intereses

Imagina que tienes una tienda en línea que vende productos electrónicos, desde teléfonos inteligentes hasta auriculares. Algunos de tus suscriptores pueden estar interesados principalmente en teléfonos inteligentes, mientras que otros pueden preferir los auriculares. Si envías un correo electrónico promocional sobre tus últimos modelos de teléfonos inteligentes a toda tu lista, es posible que pierdas la atención de aquellos que solo están interesados en auriculares. Pero, si segmentas tu lista y envías correos electrónicos específicos sobre teléfonos inteligentes a un grupo y ofertas de auriculares a otro, es más probable que captes la atención de cada grupo y aumentes las conversiones.

Segmentación por Comportamiento de Compra

El comportamiento de compra de tus suscriptores también es un factor importante para la segmentación. Aquellos que han realizado compras previas en tu tienda en línea pueden recibir ofertas especiales como clientes leales. Por otro lado, los suscriptores que han agregado productos a sus carritos pero no han completado la compra pueden recibir recordatorios y descuentos para motivarlos a finalizar la compra.

Segmentación Geográfica

Si tu negocio atiende a diferentes regiones geográficas, segmentar por ubicación puede ser beneficioso. Puedes enviar ofertas específicas o información sobre eventos locales a los suscriptores que se encuentran en una determinada área geográfica. Esto demuestra que comprendes las necesidades y preferencias de tu audiencia local, lo que puede generar una mayor conexión y, en última instancia, conversiones.

Personalización y Contenido Relevante

Una vez que hayas segmentado tu lista de suscriptores, es fundamental personalizar tus correos electrónicos y ofrecer contenido relevante para cada grupo. Aquí hay algunos consejos para lograrlo:

Personalización del Correo Electrónico

- Utiliza el nombre del destinatario en el saludo del correo electrónico.

- Recuerda los productos o categorías de productos que han explorado o comprado anteriormente.

- Ofrece recomendaciones personalizadas en función de su historial de compras o intereses.

Contenido Relevante

- Crea contenido que resuelva problemas o necesidades específicas de cada grupo.

- Destaca las ofertas y productos que son más relevantes para cada segmento.

- Utiliza testimonios o reseñas de clientes que sean relevantes para los intereses de cada grupo.

Automatización del Email Marketing

La automatización del Email Marketing te permite enviar correos electrónicos en momentos específicos o en respuesta a ciertos comportamientos de los suscriptores. Algunos ejemplos de campañas de automatización incluyen:

- Correos electrónicos de bienvenida para nuevos suscriptores.

- Correos electrónicos de carrito abandonado para recordar a los usuarios que completen sus compras.

- Correos electrónicos de seguimiento después de una compra para solicitar reseñas o brindar información adicional sobre el producto.

La automatización te permite mantener una comunicación constante y oportuna con tus suscriptores sin tener que enviar correos electrónicos manualmente.

Métricas y Pruebas

Finalmente, no subestimes el poder de las métricas y las pruebas. Debes medir el rendimiento de tus campañas de Email Marketing utilizando métricas como la tasa de apertura, la tasa de clics y la tasa de conversión. Utiliza esta información para ajustar tus estrategias y mejorar continuamente.

Realiza pruebas A/B con diferentes elementos de tus correos electrónicos, como líneas de asunto, llamadas a la acción y contenido. Esto te ayudará a identificar qué enfoques son más efectivos para tu audiencia.

Correos Electrónicos Atractivos

La Importancia del Diseño en Email Marketing

En el mundo del Email Marketing, la primera impresión es fundamental. Un correo electrónico bien diseñado no solo atraerá la atención de tus destinatarios, sino que también aumentará las posibilidades de que abran tu mensaje y realicen la acción deseada. A continuación, exploraremos la importancia del diseño en el Email Marketing y cómo encontrar diseños atractivos para tus campañas.

La Importancia del Diseño en el Email Marketing

El diseño de tus correos electrónicos desempeña un papel crucial en la efectividad de tus campañas de Email Marketing. Un correo electrónico con un diseño simple y poco atractivo tiene menos posibilidades de captar la atención de tus suscriptores y, en última instancia, de convertirlos en clientes. Aquí hay algunas razones por las que el diseño es esencial:

1. Primera Impresión

Cuando un destinatario abre su bandeja de entrada, la primera impresión que obtiene de tu correo electrónico es visual. Un diseño atractivo y profesional comunica inmediatamente que tu marca se preocupa por la calidad y la presentación. Por otro lado, un correo electrónico mal diseñado puede hacer que tu marca parezca poco profesional o descuidada.

2. Facilita la Lectura

Un diseño bien estructurado facilita la lectura y comprensión del contenido del correo electrónico. Utilizar un diseño de una sola columna con un encabezado distintivo y un cuerpo claro ayuda a los destinatarios a navegar por el mensaje sin dificultades. Esto es esencial para transmitir tu mensaje de manera efectiva y persuadir a los destinatarios a tomar acción.

3. Refuerza la Marca

El diseño coherente con la identidad de tu marca refuerza el reconocimiento de la misma. Utilizar los colores, fuentes y elementos gráficos que los destinatarios asocian con tu marca crea una experiencia consistente y fortalece la conexión emocional con los suscriptores.

4. Llamadas a la Acción Efectivas

El diseño adecuado permite la incorporación de llamadas a la acción (CTA) efectivas. Los CTA son elementos clave para dirigir a los destinatarios hacia la acción que deseas que realicen, ya sea comprar un producto, registrarse en un evento o descargar un recurso. Un diseño atractivo puede resaltar estos elementos y aumentar las tasas de clics.

Encontrar Diseños Atractivos

Encontrar diseños atractivos para tus correos electrónicos puede ser más fácil de lo que imaginas. Aquí hay algunos consejos para buscar y seleccionar plantillas de correo electrónico atractivas:

1. Busca en Plataformas Especializadas

Existen numerosas plataformas en línea que ofrecen plantillas de correo electrónico gratuitas y de pago. Estas plantillas suelen estar diseñadas por profesionales y se adaptan a una variedad de industrias y propósitos. Algunas de estas plataformas incluyen MailChimp, HubSpot y Canva.

2. Considera la Personalización

Aunque es importante que la plantilla de correo electrónico sea atractiva de por sí, también debes poder personalizarla según tus necesidades. Busca plantillas que te permitan ajustar los colores, fuentes y elementos gráficos para que se alineen con la identidad de tu marca.

3. Sencillez y Claridad

Opta por diseños simples y claros. Una sola columna con un encabezado distintivo y un cuerpo limpio suele funcionar bien para la mayoría de los correos electrónicos comerciales. Evita el exceso de elementos visuales que puedan distraer o confundir a los destinatarios.

4. Pie de Página (Footer)

No olvides incluir un pie de página (footer) en tu diseño. Esto es importante para agregar información legal, como el aviso de privacidad y las opciones de desuscripción. Un footer ordenado y bien organizado es una señal de transparencia y profesionalismo.

5. Colores Sobrios

Utiliza colores sobrios y que sean coherentes con la paleta de colores de tu marca. Los colores deben complementar el mensaje y no distraer. Recuerda que el contraste entre el texto y el fondo es esencial para la legibilidad.

Email Simple o en HTML

¿Cuál es la Mejor Opción para tus Campañas de Email Marketing?

A la hora de realizar campañas de Email Marketing, una de las decisiones clave que debes tomar es si enviar correos electrónicos en formato simple o en HTML. Cada opción tiene sus ventajas y desventajas, y la elección dependerá en gran medida de tus objetivos y preferencias. En este libro, exploraremos las diferencias entre ambos formatos y te ayudaremos a determinar cuál es la mejor opción para tu estrategia de Email Marketing.

El Email Simple

El correo electrónico simple, también conocido como correo de texto sin formato, es la forma más básica de enviar un mensaje por correo electrónico. Este tipo de correo electrónico consiste en texto sin formato y carece de elementos visuales o de diseño. A continuación, destacamos algunas características del correo electrónico simple:

Ventajas:

1. Facilidad de Lectura: Los correos electrónicos simples son fáciles de leer y no presentan distracciones visuales. Los destinatarios pueden concentrarse en el contenido del mensaje sin interferencias.

2. Compatibilidad: Los correos electrónicos simples son compatibles con prácticamente todos los clientes de correo electrónico y dispositivos, ya que no requieren soporte para HTML.

3. Menos Probabilidad de Ser Marcados como Spam: Los correos electrónicos simples suelen tener menos probabilidades de ser marcados como spam, ya que no contienen elementos de diseño o enlaces que a veces pueden activar filtros de spam.

Desventajas:

1. Limitaciones Creativas: Los correos electrónicos simples carecen de diseño visual, lo que limita las posibilidades de crear mensajes atractivos y llamativos.

2. Falta de Interactividad: No es posible incluir botones de llamada a la acción (CTA) interactivos ni elementos visuales que mejoren la experiencia del destinatario.

El Email en HTML

El correo electrónico en HTML es una opción más avanzada que permite diseñar correos electrónicos visualmente atractivos y personalizados. Este formato incluye elementos de diseño, colores, fuentes y enlaces, lo que permite una mayor flexibilidad en la creación de mensajes. A continuación, destacamos algunas características del correo electrónico en HTML:

Ventajas:

1. Diseño Personalizado: Puedes personalizar completamente el diseño de tus correos electrónicos en HTML, lo que te permite crear mensajes atractivos y coherentes con tu marca.

2. Elementos Interactivos: Puedes incluir botones de CTA, enlaces a tu sitio web y contenido multimedia para mejorar la interactividad y aumentar las tasas de clics.

3. Seguimiento Avanzado: Los correos electrónicos en HTML permiten el seguimiento detallado de la actividad del destinatario, como quién abrió el correo, quién hizo clic en enlaces y más.

Desventajas:

1. Mayor Probabilidad de Spam: Los correos electrónicos en HTML con elementos de diseño y enlaces a menudo tienen una mayor probabilidad de ser detectados como spam si no se siguen las mejores prácticas de envío.

2. Compatibilidad Limitada: Algunos clientes de correo electrónico y dispositivos pueden no mostrar correctamente los correos electrónicos en HTML, lo que podría afectar la experiencia del destinatario.

¿Cuál Deberías Elegir?

La elección entre correo electrónico simple y correo electrónico en HTML dependerá de varios factores, como tus objetivos, tu audiencia y tus recursos disponibles. Aquí hay algunas pautas generales:

- Correo Electrónico Simple: Si deseas enviar mensajes directos y sencillos, como boletines informativos o actualizaciones de texto, y prefieres evitar problemas de compatibilidad y spam, el correo electrónico simple puede ser la elección adecuada.

- Correo Electrónico en HTML: Si buscas crear campañas visualmente atractivas, incluir botones de CTA y realizar un seguimiento detallado de la actividad de tus destinatarios, el correo electrónico en HTML es la mejor opción. Sin embargo, debes asegurarte de seguir las mejores prácticas para evitar problemas de spam.

Gmail

La Herramienta Ideal para Tus Campañas de Email Marketing

En el mundo del Email Marketing, contar con una plataforma confiable y eficiente es fundamental para el éxito de tus campañas. Gmail, el servicio de correo electrónico de Google, se ha convertido en una herramienta formidable para llevar a cabo tus estrategias de marketing por correo electrónico. En este libro, exploraremos cómo aprovechar al máximo Gmail para realizar envíos efectivos y seguros.

Ventajas de Usar Gmail en tus Campañas de Email Marketing

1. Facilidad de Uso

Gmail es conocido por su interfaz sencilla y fácil de usar. Esto lo convierte en una opción ideal para aquellos que desean realizar envíos de correo electrónico de manera rápida y eficiente, sin complicaciones innecesarias.

2. Capacidad de Envío

Una de las ventajas más destacadas de Gmail es su capacidad de envío. Puedes realizar hasta 5 envíos por día, con un límite de 99 correos electrónicos en cada envío. Esto significa que, en una semana laboral estándar de 5 días, puedes llegar a enviar tu propuesta comercial a un total de 2,470 direcciones de correo electrónico. ¡Imagina el alcance que esto puede tener en tus campañas!

3. Personalización

Gmail te permite personalizar tus correos electrónicos de acuerdo con tus necesidades. Puedes crear plantillas en HTML que se adapten a tu marca y tu mensaje, lo que te brinda la flexibilidad para diseñar mensajes atractivos y coherentes.

4. Gestión de Firmas

Una función práctica de Gmail es la capacidad de gestionar tus firmas de correo electrónico. Puedes copiar y pegar tu diseño en HTML en la configuración de firma de Gmail. Esto te permite tener tu diseño de correo electrónico de manera permanente y realizar modificaciones fácilmente antes de enviar cada campaña.

5. Copiar y Pegar tu Plantilla en Gmail

Enviar tus campañas desde Gmail es sencillo. Simplemente sigue estos pasos:

- a. Abre tu cuenta de Gmail y prepárate para redactar un nuevo mensaje.

- b. Abre tu plantilla en HTML en otra pestaña o ventana del navegador.

- c. Selecciona toda la plantilla haciendo Ctrl + 'A' y cópiala con Ctrl + 'C'.

- d. Vuelve al mensaje en Gmail y pega tu plantilla con Ctrl + 'V' en el cuerpo del mensaje.

Este proceso facilita la inclusión de tus diseños personalizados en tus correos electrónicos de manera rápida y eficiente.

6. Importante: Usa la Función 'CCO' (Con Copia Oculta)

Un aspecto crucial en el envío de tus campañas de Email Marketing desde Gmail es el uso de la función 'CCO' (Con Copia Oculta). Coloca las direcciones de correo electrónico de tus destinatarios en 'CCO' para garantizar la privacidad de sus direcciones. Esto es esencial para evitar problemas legales y quejas por parte de los destinatarios.

Automatiza tus Envíos

La Herramienta que Transformará tus Campañas de Email Marketing

En el mundo del Email Marketing, la automatización es una de las claves del éxito. Imagina poder programar tus envíos de correo electrónico de manera eficiente y estratégica sin estar pegado a tu computadora. Con la ayuda de un plugin llamado 'Boomerang' para Gmail, esta visión se convierte en una realidad. En este libro, exploraremos cómo esta herramienta puede impulsar tus campañas de Email Marketing.

¿Qué es Boomerang y Cómo Funciona?

Boomerang es un plugin que se integra perfectamente con tu cuenta de Gmail. Su característica más destacada es la capacidad de programar tus envíos de correo electrónico. ¿Qué significa esto para ti como especialista en marketing?

Imagina que tienes una campaña de Email Marketing planificada para 10 días, con varios envíos cada día. En lugar de estar pegado a tu computadora, enviando correos manualmente en momentos específicos, puedes utilizar Boomerang para programar todos tus envíos de una sola vez.

Ventajas de Programar Envíos con Boomerang

1. Eficiencia

La eficiencia es clave en cualquier estrategia de marketing. Programar tus envíos con Boomerang te permite liberar tiempo que puedes dedicar a otras tareas importantes, como dar seguimiento a las ventas o analizar los resultados de tu campaña.

2. Estrategia de Tiempo

Enviar correos electrónicos en momentos estratégicos del día puede marcar la diferencia en la tasa de apertura y conversión. Con Boomerang, puedes elegir los horarios óptimos para llegar a tu audiencia, incluso si esos horarios no coinciden con tu disponibilidad personal.

3. Programación Flexible

Boomerang te permite programar envíos en múltiples horarios y días. Esto es especialmente útil si deseas realizar envíos en diferentes momentos para llegar a una audiencia global o realizar pruebas de horario para determinar cuál funciona mejor.

4. Sencillez de Uso

La instalación y configuración de Boomerang es sencilla y rápida. Una vez que lo tengas instalado, puedes empezar a programar tus envíos con solo unos clics. No se requiere ser un experto en tecnología para aprovechar esta valiosa herramienta.

Cómo Programar tus Envíos con Boomerang

La programación de envíos con Boomerang es fácil. Sigue estos simples pasos:

1. Instala el plugin Boomerang en tu cuenta de Gmail. Puedes encontrarlo en la tienda de complementos de Gmail.

2. Abre tu correo electrónico y redacta el mensaje que deseas enviar.

3. En lugar de hacer clic en el botón 'Enviar', busca la opción 'Programar Envío' proporcionada por Boomerang.

4. Selecciona la fecha y la hora en las que deseas que se envíe el correo electrónico.

5. Confirma la programación y listo. Boomerang se encargará del resto.

Email Marketing Ético y Legal: Protegiendo tus Intereses y los de tus Prospectos

El Email Marketing es una herramienta poderosa para las campañas de B2B (de empresa a empresa), pero su uso debe ser cuidadoso y ético. En este libro, exploraremos las mejores prácticas para asegurarte de que tus correos electrónicos comerciales sean legales, éticos y efectivos.

Menciona las Condiciones de Uso y de Pago

Cuando envíes un correo electrónico de empresa a empresa (B2B), es importante mencionar de manera breve y clara las condiciones de uso y/o de pago. Esto debe incluirse en el cuerpo del correo, pero también debe proporcionarse una liga que dirija a la página con las condiciones detalladas. Esto es esencial para que tus prospectos conozcan los términos de tu oferta desde el principio.

Ofrece una Opción de Desinscripción

Otra consideración clave es proporcionar a tus prospectos una forma sencilla de desinscribirse de tu lista de envío o Base de Datos. Debes incluir una frase en tus correos electrónicos que indique que pueden darse de baja y una liga que los lleve a un formulario para hacerlo. Esta práctica no solo es ética, sino que también es legal y puede ayudarte a cumplir con las regulaciones de privacidad de datos.

Evita el Spam

El correo no solicitado, o spam, es una práctica perjudicial y molesta que debes evitar a toda costa. Los filtros anti-spam son cada vez más sofisticados y pueden identificar correos no deseados. Para asegurarte de que tus correos no sean etiquetados como spam, sigue estas pautas:

- Direcciones de Correo Electrónico Empresariales: Si te diriges a una dirección de correo electrónico del tipo info@empresa.com o ventas@empresa.com, es más probable que tu correo sea considerado B2B y no spam. Evita enviar correos a direcciones de estilo personal, como nombre.apellido@empresa.com, a menos que tengas permiso explícito.

- Identificación de la Persona: Si es posible identificar a una persona específica en la dirección de correo electrónico, trata con cuidado su privacidad y evita enviar correos no solicitados a estas direcciones.

- Cumplir con las Solicitudes de Baja: Si alguien solicita darse de baja de tu lista de envío, respeta esa solicitud de inmediato. No enviar más correos electrónicos a esa dirección. Ignorar las solicitudes de baja puede tener graves consecuencias legales y dañar tu reputación.

Lleva a tus Prospectos a Páginas de Aterrizaje

Es importante que los correos electrónicos que envíes a tus prospectos no los dirijan directamente a tu Tienda en Línea. Esto puede causar problemas si se cierra tu cuenta en el servidor donde tienes alojado tu sitio web principal. En su lugar, utiliza páginas de aterrizaje específicas para tus campañas de Email Marketing. Si cierran tu cuenta en un servidor, simplemente configura una nueva y actualiza las ligas en tus futuros correos electrónicos.

Protegiendo la Identidad de tus prospectos en tus Campañas de Email Marketing

El Email Marketing es una herramienta poderosa, pero también debe ser utilizada de manera ética y legal. Una de las reglas más importantes en el Email Marketing es no identificar a personas en tus correos electrónicos sin su consentimiento. En este libro, exploraremos cómo proteger la identidad de las personas en tus campañas de Email Marketing y cómo crear bases de datos éticas.

La Importancia de la Privacidad

La privacidad es un derecho fundamental en el mundo digital. En el Email Marketing, es crucial respetar la privacidad de las personas y las empresas a las que te diriges. Identificar a una persona específica en un correo electrónico sin su consentimiento puede ser invasivo y problemático.

Reglas para el Email Marketing Ético

Para asegurarte de que tus campañas de Email Marketing sean éticas y legales, debes seguir algunas reglas clave:

No Identificar a Personas: Evita identificar a personas en tus correos electrónicos sin su permiso explícito. No utilices direcciones de correo electrónico personales en tus campañas a menos que hayas obtenido el consentimiento de la persona.

Utiliza Direcciones Empresariales: Si te diriges a empresas, utiliza direcciones de correo electrónico empresariales, como info@empresa.com o ventas@empresa.com. Estas direcciones son menos invasivas y generalmente se consideran apropiadas para campañas B2B (de empresa a empresa).

Consultar Portales WHOIS: Una forma ética de crear una base de datos es consultando los portales WHOIS, que proporcionan información sobre los propietarios de dominios. Si un dominio está registrado a nombre de una empresa y se proporciona una dirección de correo electrónico como contacto principal, puedes utilizar esa dirección para tu campaña.

Mención de Uso de la Dirección de Contacto: En tus correos electrónicos, menciona de manera clara y transparente que estás utilizando la dirección de correo electrónico que se declaró como contacto principal de la empresa en el registro del dominio. Esto demuestra transparencia y respeto por la privacidad.

Enfoque B2B: Si tu campaña está dirigida a administradores de empresas y se trata de una oferta empresarial a empresarial (B2B), asegúrate de que tu mensaje se centre en ese contexto. Proporciona información relevante para el negocio y evita la personalización excesiva.

Cuentas de Envío

El Email Marketing es una herramienta poderosa para promocionar tu negocio, pero gestionar adecuadamente tus cuentas de envío es esencial para el éxito de tus campañas. En este libro, exploraremos cómo administrar tus cuentas de envío de manera efectiva y evitar problemas comunes.

La Importancia de las Cuentas de Envío

Tener cuentas de envío adecuadas es fundamental para garantizar que tus campañas de Email Marketing lleguen a su destino de manera eficaz. Utilizar cuentas de envío inadecuadas o mal configuradas puede resultar en que tus correos electrónicos sean marcados como spam o incluso en la clausura de tu cuenta de correo electrónico.

Evitar el Spam y la Clausura de Cuentas

Uno de los mayores desafíos en el Email Marketing es evitar que tus correos electrónicos sean etiquetados como spam. Si más del 30% de tus correos electrónicos no llegan a su destino, es probable que tu cuenta sea clausurada. Esto puede ocurrir si utilizas una dirección de correo electrónico corporativa como cuenta de envío y experimentas una alta tasa de rebote.

Utilizar Proveedores de Correo Electrónico Confiables

Para evitar problemas de clausura de cuentas y tasas de rebote elevadas, se recomienda utilizar proveedores de correo electrónico confiables como Gmail, Yahoo,

Mail.ru, entre otros. Estos servicios suelen tener políticas y sistemas de seguridad bien establecidos que reducen las posibilidades de que tus correos electrónicos sean marcados como spam.

Configuración de Cuentas de Envío

Configurar adecuadamente tu cuenta de envío es esencial. Asegúrate de seguir estas recomendaciones:

- Utiliza una cuenta de correo electrónico personal o de un proveedor confiable para tus envíos. Evita usar direcciones corporativas.

- Configura tu cuenta de envío para que cumpla con las reglas de Email Marketing ético, como incluir información de contacto y opciones de desinscripción.

- Prueba tu cuenta antes de comenzar tu campaña para evitar sorpresas desagradables.

Servicios Profesionales de Email Marketing

Si tu base de datos es constante y de alta calidad, considera utilizar servicios profesionales de Email Marketing. Estos servicios ofrecen plantillas atractivas, programación de envíos y estadísticas detalladas. Sin embargo, ten en cuenta que suelen tener un costo asociado.

Manejo de Correos Electrónicos que no Llegaron a Destino

Cuando realizas campañas de Email Marketing, es común que algunos correos electrónicos no lleguen a su destino por diversas razones. En este libro, exploraremos cómo manejar eficazmente los correos electrónicos que no fueron entregados y cómo mantener una base de datos de calidad.

Razones por las que los Correos no Lleguan

Existen varias razones por las cuales tus correos electrónicos pueden no llegar a su destino:

1. Correos Caducados: Las direcciones de correo electrónico pueden volverse obsoletas con el tiempo si los propietarios las abandonan o cambian a nuevas direcciones.

2. Sistemas Anti-Spam: Los sistemas de seguridad avanzados pueden filtrar correos electrónicos que consideren sospechosos o no deseados, marcándolos como spam.

3. Buzones Saturados: Si los propietarios de las cuentas de correo no gestionan sus buzones y estos están llenos, tus correos electrónicos no serán entregados.

Estableciendo un Límite de Validez

Para determinar la calidad de tu base de datos de correo electrónico, es importante establecer un límite de validez. En general, se considera que una base de datos es válida si el 25% al 30% de los correos electrónicos se entregan con éxito. Si superas estas cifras, es hora de limpiar tu base de datos eliminando los correos electrónicos que no llegaron a destino.

Limpieza de la Base de Datos

Después de concluir tu campaña de Email Marketing, es recomendable limpiar tu base de datos. Esto implica eliminar los siguientes tipos de correos electrónicos:

- Correos Electrónicos Devueltos: Aquellos que fueron rechazados o no entregados.

- Solicitudes de Desinscripción: Los correos electrónicos de personas que han solicitado ser excluidos de futuros envíos.

- Correos Electrónicos No Conformes: Los que han marcado tu correo como spam o han expresado su insatisfacción.

Al hacerlo, estás asegurando que tu base de datos esté compuesta por contactos activos y receptivos.

Construyendo una Base de Datos de Calidad

Una vez que hayas limpiado tu base de datos, podrás enfocarte en construir una base de datos de calidad. Esto implica agregar correos electrónicos de personas que han solicitado información, se han suscrito a tu boletín electrónico o han proporcionado su dirección de correo electrónico a cambio de algún incentivo, como un regalo.

Marcando tus Enlaces para un Email Marketing Efectivo

Uno de los secretos más poderosos para el éxito en Email Marketing es el seguimiento y la optimización de tus enlaces. Este capítulo te ayudará a maximizar tus resultados y mejorar tu estrategia de Email Marketing.

El Poder del Seguimiento de Enlaces

Cuando envías correos electrónicos comerciales, es esencial saber qué enlaces funcionan mejor y cuáles necesitan ajustes. Esto es donde entra en juego el marcado de enlaces. Te recomendamos encarecidamente utilizar un servicio como Bitly para llevar un registro de tus enlaces.

¿Por qué debes marcar tus enlaces?

1. Rastreo de Clics: Bitly y servicios similares te permiten rastrear cuántas veces se hace clic en cada uno de tus enlaces. Esto proporciona información valiosa sobre la efectividad de tus llamados a la acción y el interés de tu audiencia.

2. Optimización: Al conocer qué enlaces tienen un mejor rendimiento, puedes optimizar tus futuras campañas de Email Marketing. Puedes ajustar el contenido y el diseño de tus correos electrónicos según lo que funcione mejor.

3. Segmentación: Los datos de seguimiento de enlaces también pueden ayudarte a segmentar a tu audiencia. Puedes dirigirte de manera más precisa a grupos de suscriptores con intereses y comportamientos similares.

4. Reporte Final: Al finalizar tu campaña, contar con estadísticas precisas de seguimiento de enlaces te permite evaluar qué partes de tu Sistema de Ventas generaron más interacción y conversiones.

Cómo Funciona Bitly

Bitly es una herramienta sencilla de usar para marcar tus enlaces. Aquí hay un resumen rápido de cómo funciona:

1. Regístrate: Crea una cuenta gratuita en Bitly si aún no tienes una.

2. Acorta tus Enlaces: Puedes ingresar cualquier enlace largo y Bitly lo acortará automáticamente. Esto es útil para hacer que los enlaces sean más limpios y atractivos.

3. Personaliza y Marca: Bitly te permite personalizar tus enlaces cortos para que sean más relevantes. También puedes agregar un nombre descriptivo para que sea más fácil identificarlos en tu panel de control.

4. Rastrea tus Enlaces: Una vez que hayas compartido tus enlaces marcados en tus correos electrónicos, Bitly comenzará a recopilar datos sobre el rendimiento de cada enlace.

5. Accede a las Estadísticas: Inicia sesión en tu cuenta Bitly en cualquier momento para consultar estadísticas detalladas sobre cuántas veces se ha hecho clic en cada enlace.

El Seguimiento de tus Campañas de Email Marketing: Clave para el Éxito

En el mundo del Email Marketing, el seguimiento y análisis de tus campañas son fundamentales para el éxito. En este libro, profundizaremos en la importancia de rastrear tus envíos y cómo esto puede mejorar tu Sistema de Ventas.

Conociendo tu Audiencia

Una de las razones principales para realizar un seguimiento exhaustivo de tus campañas de Email Marketing es entender a tu audiencia. Debes conocer cómo reaccionan tus suscriptores a tus mensajes para poder ajustar y personalizar futuras campañas.

Los Puntos Clave a Seguir

1. Entrega Exitosa: El primer indicador esencial es cuántos de tus correos electrónicos realmente llegaron a la bandeja de entrada de tus destinatarios. Esto te ayuda a medir la calidad de tu lista de correo y la salud de tu base de datos.

2. Clics en Enlaces: Observar en qué enlaces hacen clic tus suscriptores proporciona información valiosa sobre sus intereses. Esto te permite adaptar tus

futuras campañas para satisfacer sus necesidades y deseos.

3. Visitas a la Página de Ventas: Una vez que alguien hace clic en tus enlaces, es importante saber cuántos llegaron a tu Página de Ventas. Esto indica el nivel de interés generado por tu correo electrónico.

4. Comportamiento en la Página de Ventas: Luego, examina cómo interactúan con tu sitio web. ¿Qué botones o secciones recibieron más clics? Esto te muestra qué partes de tu oferta son más atractivas.

5. Compras Realizadas: El objetivo final es medir cuántas compras se realizaron como resultado directo de tu campaña de Email Marketing. Esto es crucial para determinar el retorno de la inversión (ROI) de tus esfuerzos.

6. Página de Agradecimiento: No te olvides de rastrear cuántos llegaron a la página de agradecimiento después de realizar una compra. Esto marca el final del proceso de venta y es un punto de contacto importante.

Utilizando KPIs en tus Campañas

Los indicadores clave de rendimiento (KPIs) enumerados anteriormente deben ser tu referencia en cada campaña. Al hacer un seguimiento constante de estos puntos, puedes mantener el control de tu Sistema de Ventas y tomar decisiones informadas.

La Importancia de la Optimización

El seguimiento te permite identificar áreas de mejora en tus campañas. Si descubres que un enlace específico no recibe clics o que la mayoría de los visitantes abandonan tu Página de Ventas sin comprar, puedes ajustar tu estrategia.

Un Sistema de Ventas Exitoso

El Email Marketing

La construcción de un Sistema de Ventas sólido en el mundo del comercio electrónico es una tarea laboriosa pero altamente recompensante. En este libro, hemos explorado los secretos detrás del Email Marketing y cómo puede ser la clave para impulsar tus ventas en línea.

El Camino hacia el Éxito

Es cierto que construir un Sistema de Ventas efectivo puede requerir tiempo y esfuerzo, pero los resultados en términos de ingresos pueden ser notables. Al aplicar los secretos que hemos revelado, puedes estar seguro de que habrá ventas y de que tu tasa de conversión mejorará con el tiempo.

Organización y Rigor

La organización y el rigor son fundamentales en todo el proceso. Al dividir tu estrategia en etapas, como la construcción de una Base de Datos sólida, la creación de plantillas efectivas para tus correos electrónicos y el desarrollo de una Página de Ventas persuasiva, puedes avanzar de manera más efectiva hacia tu objetivo.

El Valor de las Campañas de Email Marketing

Las campañas de Email Marketing juegan un papel crucial en tu estrategia de ventas en línea. Organizar de 3 a 6 campañas al año te permitirá construir una Base de Datos confiable, perfeccionar tus plantillas de correo electrónico y crear una Página de Ventas que realmente convierta.

La Evolución Constante

Recuerda que la construcción de un Sistema de Ventas es un proceso en constante evolución. A medida que avanzas y aplicas lo que aprendes, tus campañas se volverán más efectivas y tus ventas aumentarán.

Preparándote para el Éxito Continuo

Al final del proceso, habrás acumulado valiosas herramientas y conocimientos que te permitirán llevar a cabo campañas exitosas año tras año. No subestimes el poder de un Sistema de Ventas bien estructurado y en constante mejora.

Resumen del Email Marketing

1. El Email Marketing

El Email Marketing es una herramienta poderosa en el mundo del Comercio Electrónico. Al segmentar tu lista, personalizar tus correos electrónicos, automatizar campañas y utilizar métricas, puedes aumentar significativamente las conversiones y el éxito de tu negocio en línea. ¡No subestimes el poder del Email Marketing estratégico y efectivo!

2. El Diseño en el Email Marketing

El diseño desempeña un papel crucial en el Email Marketing. Un diseño atractivo y bien estructurado puede aumentar la efectividad de tus campañas, generar una mejor impresión y llevar a tasas de conversión más altas. Al buscar plantillas de correo electrónico, considera la personalización, la simplicidad y la claridad, y asegúrate de que el diseño refleje la identidad de tu marca. Con un diseño sólido, tus correos electrónicos pueden destacarse en la bandeja de entrada de tus destinatarios y motivarlos a tomar acción.

3. Corréo Simple Vs HTML

Ambas opciones tienen su lugar en el Email Marketing, y la elección dependerá de tus necesidades específicas. Puedes incluso combinar ambos formatos en tus campañas para llegar a diferentes segmentos de tu audiencia. Lo más importante es crear contenido relevante y valioso para tus destinatarios, independientemente del formato que elijas.

4. Gmail, tu Poderoso Aliado

Gmail es una herramienta que puede servir para llevar a cabo tus campañas de Email Marketing. Su facilidad de uso, capacidad de envío, personalización y gestión de firmas lo convierten en una opción valiosa para cualquier estrategia de marketing por correo electrónico. Sin embargo, recuerda la importancia de utilizar la función 'CCO' para proteger la privacidad de tus destinatarios y evitar problemas legales. Con Gmail, tienes a tu disposición una herramienta confiable para llegar a tu audiencia y lograr el éxito en tus campañas de Email Marketing. ¡Aprovecha su potencial y haz crecer tu negocio en línea!

5. Automatiza con Boomerang

La automatización es un elemento fundamental en cualquier estrategia de Email Marketing efectiva. Boomerang te brinda la capacidad de programar tus envíos de correo electrónico de manera eficiente, estratégica y flexible. Esta herramienta simplifica tu trabajo, te ayuda a llegar a tu audiencia en los momentos ideales y libera tiempo para que te concentres en otras actividades importantes.

No dejes que el tiempo y la gestión manual de envíos de correo electrónico te frenen. Con Boomerang, puedes hacer que tus campañas de Email Marketing sean más efectivas que nunca. Automatiza tus envíos y observa cómo tu negocio en línea crece y prospera.

6. Email Marketing en el BtoB

El Email Marketing es una herramienta valiosa para el B2B, pero debes usarla de manera ética y legal para proteger tus intereses y la reputación de tu empresa. Menciona las condiciones de uso y de pago, ofrece una opción de desinscripción, evita el spam y dirige a tus prospectos a páginas de aterrizaje en lugar de enviarlos directamente a tu Tienda en Línea. Siguiendo estas prácticas, podrás aprovechar al máximo el potencial del

Email Marketing sin comprometer la integridad de tu empresa ni la satisfacción de tus prospectos.

7. El Email Marketing Ético

En la actualidad, no existe una regulación específica para abordar todas las situaciones en el Email Marketing. Sin embargo, es esencial seguir principios éticos y respetar la privacidad de las personas y las empresas a las que te diriges. Con el tiempo, es posible que surjan reglas más claras para abordar situaciones delicadas. Proteger la identidad de los prospectos en tus campañas de Email Marketing es esencial para mantener la ética y la legalidad. Sigue las reglas mencionadas en éste curso y enfoca tus esfuerzos en proporcionar valor a tus prospectos sin comprometer su privacidad.

8. Gestionando las Cuentas de Envío

La gestión adecuada de tus cuentas de envío de Email Marketing es fundamental para el éxito de tus campañas. Evita el spam, la clausura de cuentas y problemas legales al utilizar proveedores de correo electrónico confiables y seguir las reglas éticas del Email Marketing. Prueba tu cuenta antes de comenzar tu campaña para asegurarte de que todo funcione sin problemas. Con la gestión adecuada, tus campañas de Email Marketing pueden ser una herramienta efectiva para hacer crecer tu negocio.

9. *Servicios Profesionales de Email Marketing*

Con una base de datos de calidad, estarás listo para utilizar servicios de Email Marketing más profesionales. Estos servicios ofrecen plantillas atractivas, estadísticas detalladas y muchas características adicionales para mejorar tus campañas.

Es fundamental manejar adecuadamente los correos electrónicos que no llegaron a destino y mantener una base de datos de calidad. La limpieza periódica de la base de datos te ayudará a mantener una lista de contactos efectiva y receptiva, lo que mejorará tus resultados en futuras campañas de Email Marketing.

10. *Marca Todas las Ligas*

El uso de un servicio de marcado de enlaces como Bitly no solo mejora tus campañas de Email Marketing actuales, sino que también te brinda información valiosa a largo plazo. A medida que recopiles más datos sobre el comportamiento de tus suscriptores, podrás ajustar y perfeccionar tus estrategias para lograr un éxito aún mayor.

El Secreto para un Email Marketing efectivo es marcar tus enlaces. Aprovecha las herramientas disponibles para rastrear y analizar el rendimiento de tus enlaces en tus correos electrónicos. Esta información te permitirá optimizar tus campañas y obtener mejores resultados en el futuro. ¡No subestimes el poder de los datos en tu estrategia de Email Marketing!

11. *Herramientas de Análisis*

Para llevar a cabo un seguimiento eficiente de tus campañas de Email Marketing, es esencial utilizar herramientas de análisis. Plataformas como Google Analytics, MailChimp o servicios especializados de seguimiento de correo electrónico te proporcionarán la información que necesitas.

El seguimiento de tus campañas de Email Marketing es esencial para entender a tu audiencia, optimizar tu estrategia y alcanzar el éxito en tus ventas en línea. Utiliza indicadores clave de rendimiento y herramientas de análisis para tomar decisiones informadas y mejorar continuamente tus esfuerzos de marketing por correo electrónico.

12. Conclusiones del Email Marketing

El Email Marketing es la punta de lanza en la construcción de un Sistema de Ventas efectivo en el comercio electrónico. Si sigues los secretos compartidos en este curso y te comprometes a la mejora constante, estarás en camino hacia un éxito sostenible en tus ventas en línea. ¡No escatimes en esfuerzo y prepárate para cosechar los frutos en tu bolsillo!

Whatsapp

No nos detendremos en explicar el método para captar clientes por medio de ésta plataforma pues sus reglas cambian seguido y las tácticas deben adaptarse a cada cambio.

Lo que podamos decir hoy, mañana será sin efecto, por esta razón no haremos comentarios al respecto.

Sin embargo, la captación de clientes a través de este servicio es interesante, aunque complejo.

Sólo podemos decir que su eficiencia reside en la interacción entre varias plataformas. Los envíos simples a cada usuario en frío, es sin efecto significativo.

Youtube

La Plataforma de Ventas Imparable en el Comercio Electrónico

El comercio electrónico ha experimentado un crecimiento exponencial en los últimos años, y una de las herramientas más poderosas para impulsar las ventas en línea es YouTube. En este libro, exploraremos cómo puedes utilizar esta plataforma de video para aumentar tus ingresos y expandir tu presencia en el mundo del comercio electrónico. Desde la creación de contenido atractivo hasta estrategias de marketing efectivas, te proporcionaremos consejos y trucos para aprovechar al máximo YouTube como página de ventas.

A estas alturas, es probable que ya hayas creado un sólido Sistema de Ventas que te está generando clientes y ventas, incluso si tu tienda en línea no aparece en los resultados de Google. Sin embargo, para asegurar un crecimiento sostenible, es fundamental mejorar tu posicionamiento en los motores de búsqueda. En este libro, te mostraré cómo utilizar YouTube como una herramienta poderosa para impulsar tu estrategia de comercio electrónico y mejorar tu SEO.

I. Integrando tu Tienda en Línea en el Universo de Google:

Para aumentar tu visibilidad en Google, es crucial integrar tu tienda en línea en todo su ecosistema. Si has seguido nuestros consejos, ya has dado pasos importantes:

1. Página de Ventas en Google Sites:

   - Utilizar Google Sites para tu página de ventas proporciona una estructura optimizada para la indexación de Google.

2. Estadísticas con Bitly y Google:

   - Bitly trabaja en conjunto con Google, brindándote información valiosa sobre el rendimiento de tus enlaces y campañas.

3. Utilización de Google Analytics y la Consola de Google:

   - Estas herramientas te permiten dar seguimiento a tus visitas y analizar datos cruciales para tu estrategia.

4. Uso de Gmail para Campañas de eMail Marketing:

- Gmail es una plataforma efectiva para tus campañas de eMail Marketing, conectándote con tu audiencia de manera directa.

II. *YouTube como Herramienta de Posicionamiento:*

Ahora, es momento de explorar cómo YouTube puede impulsar tu presencia en línea y mejorar tu SEO:

1. Creación de Contenido Relevante:

- El contenido de calidad es clave en YouTube. Crea videos relacionados con tu nicho de mercado y productos.

2. Optimización SEO en YouTube:

- Investiga palabras clave relevantes y utilízalas en tus títulos, descripciones y etiquetas de video.

3. CTA para tu Tienda en Línea:

- Incluye llamados a la acción en tus videos que dirijan a los espectadores a visitar tu tienda en línea.

III. *Estrategias Efectivas en YouTube:*

1. Colaboraciones con Influencers:

- Busca influencers relacionados con tu industria para promocionar tus productos.

2. Anuncios en YouTube:

- Utiliza anuncios pre-roll, mid-roll y post-roll para llegar a una audiencia más amplia.

3. Contenido de Valor:

- Proporciona información útil y entretenimiento para atraer y retener a tu audiencia.

IV. Monitoreo y Ajustes:

1. Uso de YouTube Analytics:

- Analiza las métricas de YouTube para comprender el rendimiento de tus videos.

2. Integración con tu Estrategia Global:

- Asegúrate de que tu canal de YouTube esté alineado con tu estrategia de comercio electrónico y marca.

V. El Poder de Youtube:

YouTube se ha convertido en una herramienta esencial para el comercio electrónico. Si sigues las estrategias y consejos presentados en este capítulo, puedes utilizar esta plataforma de video para aumentar tus ventas, construir una comunidad leal y expandir tu presencia en línea.

Recuerda que la consistencia y la calidad son clave en YouTube. Mantén un enfoque constante en la mejora de tu contenido y la satisfacción de tu audiencia para cosechar los frutos del comercio electrónico en esta plataforma.

Las Tendencias en YouTube

YouTube es mucho más que una plataforma de entretenimiento. Es un vasto universo de información donde millones de internautas buscan respuestas, conocimientos y entretenimiento. Al igual que Google, YouTube tiene un secreto que pocas personas conocen: puedes encontrar lo que los internautas realmente están buscando. En este libro, te mostraremos cómo desentrañar las tendencias en YouTube y utilizar esta información para impulsar tu estrategia de contenido y atraer a futuros clientes.

I. Conéctate con Google Trends:

El primer paso para descubrir las tendencias en YouTube es conectarte con Google Trends, una herramienta poderosa que te ayudará a comprender lo que está en la mente de tus potenciales clientes. Sigue estos pasos:

1. Investigación de Palabras Clave:

- Si vendes moda femenina, compara las tendencias entre varios libros, como blusas, cinturones, pantalones, pulseras, faldas, vestidos y lencería.

2. Uso de Google Trends:

- Ingresa estas palabras clave en Google Trends y compara su popularidad a lo largo del tiempo y en diferentes regiones.

3. Identificación de Tendencias Emergentes:

- Observa si alguna de tus palabras clave muestra un aumento significativo en la tendencia de búsqueda. Esto te indicará qué temas son relevantes en tu mercado.

II. Explora las Búsquedas Reales en Google:

Una vez que tengas 3 o 4 temas de interés, el siguiente paso es explorar las búsquedas reales en Google. Sigue estos pasos:

1. Búsquedas Relacionadas en Google:

- Ingresa tus palabras clave en el buscador de Google.

- Dirígete al pie de la página de resultados, donde encontrarás la sección de 'otros resultados' o 'búsquedas relacionadas'.

2. Observa las Sugerencias:

- Estas sugerencias son búsquedas reales que la gente ha realizado en Google. Te darán una idea precisa de lo que los internautas quieren saber.

III. Descubre las Búsquedas en YouTube:

El último paso es descubrir las búsquedas reales de los internautas en YouTube. Sigue estos pasos:

1. Utiliza las Mismas Palabras Clave:

- Vuelve a ingresar las mismas palabras clave que usaste en Google en el buscador de YouTube.

2. Agrega una Arroba (@):

- Antes de la palabra clave que ingresaste, agrega una arroba (@) sin espacio.

- Notarás que las palabras o frases sugeridas son diferentes de las que obtuviste en Google.

IV. Guarda tus Descubrimientos:

Ahora que has identificado temas, frases y palabras clave relevantes, guárdalos. Estos recursos te serán de gran utilidad para crear contenido que resuene con tu audiencia en YouTube.

V. *Crea tus Canales de Video:*

Con las tendencias y palabras clave en tu poder, es hora de crear canales de video que atraigan a tu público objetivo:

1. Contenido Relevante:

- Crea videos relacionados con las tendencias que has descubierto.

2. Títulos Atractivos:

- Utiliza títulos que incluyan las palabras clave relevantes y que sean atractivos para los espectadores.

3. Descripciones Detalladas:

- Proporciona descripciones completas que expliquen de qué trata el video y utilicen las palabras clave.

4. Etiquetas y Categorías:

- Utiliza etiquetas y categorías apropiadas para que tus videos sean fácilmente encontrados por los internautas interesados.

VI. Monitoreo y Ajustes:

No olvides que las tendencias cambian con el tiempo. Monitorea el rendimiento de tus videos y ajusta tu estrategia según sea necesario. Utiliza herramientas de análisis de YouTube para obtener información valiosa sobre el rendimiento de tus videos.

Creando Canales de YouTube Estratégicos para Potenciar tus Ventas en Línea

En el comercio electrónico, la visibilidad y la estrategia son esenciales. Una de las herramientas más poderosas para promocionar tu negocio en línea es YouTube, y la clave para aprovechar al máximo esta plataforma es crear canales estratégicos. En este libro, te mostraremos cómo crear canales de YouTube efectivos y estratégicos para impulsar tus ventas en línea. Deja el ego de lado y sigue estos consejos para posicionarte correctamente y atraer a tu audiencia.

I. Títulos que Resuenan con los Internautas:

La elección del título de tu canal es crucial para su éxito en YouTube. Aquí hay algunos consejos para asegurarte de que tu canal atraiga a tu audiencia objetivo:

1. Enfócate en lo que Buscan los Internautas:

- En lugar de nombrar tu canal con el nombre de tu boutique, utiliza una de las frases o palabras clave que has encontrado que los internautas están buscando en la web.

2. Abandona el Ego:

- Es importante entender que, en esta etapa, tu objetivo principal es vender. No cedas a la tentación de promocionar tu marca a través del nombre del canal. En su lugar, usa un título que refleje lo que la gente busca realmente.

II. Creación de Múltiples Canales:

Para aumentar tu visibilidad y abordar diferentes aspectos de tu negocio, es recomendable crear varios canales de YouTube. Aquí te explicamos cómo hacerlo:

1. Identifica los Productos Más Buscados:

- Realiza un análisis de mercado para determinar los productos más buscados en Google relacionados con tu nicho.

2. Crea Canales Específicos:

- Crea 3 o 4 canales de YouTube, cada uno centrado en un producto o tema específico. Por ejemplo, si los productos más buscados son pantalones, vestidos y faldas, crea un canal para cada uno de estos productos.

3. Títulos Relevantes para Cada Canal:

- Asegúrate de que el título de cada canal refleje una de las búsquedas populares en Google y YouTube relacionadas con ese producto. Por ejemplo, 'Pantalones de Moda', 'Vestidos de Colores', 'Faldas para Fiestas'.

III. Contenido Relevante y Estratégico:

Cada uno de tus canales debe presentar contenido que sea relevante para el producto o tema que representa. Aquí hay algunas pautas clave:

1. Videos Informativos y Atractivos:

- Crea videos que proporcionen información valiosa sobre el producto o tema en cuestión. Esto puede incluir tutoriales, reseñas, consejos de estilo y más.

2. Enlace con tu Sistema de Ventas:

- Durante el proceso de construcción de tu Sistema de Ventas, ya habrás creado un canal para interactuar con él. Este canal debe presentar tus productos y promover tus ventas en línea.

IV. Estrategia de Contenido:

Una estrategia de contenido sólida es esencial para mantener y aumentar tu visibilidad en YouTube. Aquí tienes algunas recomendaciones:

1. Consistencia:

   - Publica regularmente en tus canales para mantener a tu audiencia comprometida y mostrar que estás activo en la plataforma.

2. Investigación de Palabras Clave:

   - Continúa investigando palabras clave relevantes y ajústalas en tus títulos, descripciones y etiquetas para aumentar la visibilidad de tus videos.

3. Interacción con la Audiencia:

   - Responde a los comentarios y preguntas de tus espectadores para fomentar la interacción y construir una comunidad.

V. Monitoreo y Ajustes Constantes:

El éxito en YouTube no es estático; requiere monitoreo y ajustes constantes. Utiliza las herramientas de análisis de YouTube para medir el rendimiento de tus videos y canales y adapta tu estrategia en consecuencia.

Configurando YouTube

Cómo Dar Identidad y Funcionalidad a tus Plataformas de Video

Cuando se trata de aprovechar al máximo YouTube como una herramienta de promoción y ventas, la configuración adecuada de tus canales es esencial. Cada uno de tus canales debe tener su propia identidad y funcionalidad para atraer a tu audiencia y promocionar tus productos o servicios de manera efectiva. En este libro, te guiaremos a través de los pasos esenciales para configurar tus canales de YouTube y te proporcionaremos consejos útiles para optimizar tu presencia en esta plataforma.

I. Creando Encabezados Atractivos:

La primera impresión es crucial en YouTube, y tus encabezados de canal juegan un papel fundamental en la atracción de la audiencia adecuada. Aquí te explicamos cómo hacerlo:

1. Relevancia al Tema del Canal:

   - Asegúrate de que el encabezado de tu canal sea relevante para el tema o contenido que planeas compartir en él. Debe dar una idea clara de lo que los espectadores pueden esperar.

2. Creatividad y Atracción:

- Sé creativo al elegir el encabezado. Debe ser atractivo y memorable para que los espectadores se sientan intrigados y deseen explorar tu canal.

II. Certificación de Canales:

YouTube, en ciertos momentos, puede solicitar un número de teléfono para verificar la propiedad del canal y tu identificación. Ten en cuenta que necesitarás un número de teléfono diferente para cada canal que poseas. Aquí hay algunas consideraciones:

1. Compra de Chips para Celular:

- Puede ser útil tener tres o cuatro chips de teléfono celular disponibles para la certificación de tus canales. Esta práctica también será beneficiosa para la creación de diferentes redes sociales para promover tu tienda en línea en el futuro.

III. Descarga de eBooks de Configuración:

En nuestra sección de descargas de eBooks, encontrarás recursos detallados que explican paso a paso la configuración completa de tu canal de YouTube. Estos recursos pueden proporcionarte una guía detallada para configurar tus canales correctamente. Por ahora, compartiremos algunos consejos útiles para la configuración inicial.

IV. Consejos para la Configuración:

Configurar un canal de YouTube puede parecer un proceso complejo debido a las múltiples opciones y cambios de diseño que la plataforma experimenta. Aquí tienes algunos consejos generales:

1. Cambios de Diseño en YouTube:

- Ten en cuenta que los menús y submenús de YouTube pueden cambiar su diseño con regularidad. A pesar de esto, los principios básicos de configuración siguen siendo consistentes. Siempre puedes encontrar tu camino siguiendo la lógica general.

2. Transición a YouTube Studio:

- Al pasar de tu canal a YouTube Studio, notarás que el menú cambia. Esto es normal. Con la práctica, te acostumbrarás a las diferencias y podrás navegar con facilidad.

V. Evolución de YouTube:

YouTube está en constante evolución, con cambios en su plataforma y funciones. Algunas configuraciones pueden parecer antiguas, mientras que otras demuestran lo avanzada que está la plataforma. Es importante estar preparado para cambios inesperados y seguir de cerca las actualizaciones de YouTube.

VI. Integración con Google:

Es esencial integrar tu proyecto en el universo de Google, ya que YouTube forma parte de Alphabet, la empresa matriz de Google. Esta integración te ayudará a ser considerado en los resultados de búsqueda de Google y aprovechar al máximo la interacción entre el buscador y la plataforma de video.

Temas de Alto Impacto

La Técnica Growth Hacking para tu Canal de YouTube

En YouTube, encontrar temas interesantes y relevantes para tus videos es fundamental para atraer a tu audiencia y aumentar tus vistas. Pero, ¿cómo puedes descubrir esos temas que realmente resuenan con tu público objetivo? En este libro, te presentaremos una técnica de Growth Hacking altamente eficaz para encontrar temas de video que atraerán la atención de los internautas y te ayudarán a impulsar tu canal de YouTube.

I. *Traducción de Términos Relevantes:*

Vamos a comenzar utilizando los resultados de tu mini estudio de mercado, utilizando como ejemplo el término 'Pantalones de Moda'. Sigue estos pasos:

1. Traducción al Inglés:

   - Traduce el término al inglés utilizando Google Traduction u otra herramienta de traducción de tu elección.

2. Agregar la Arroba (@):

   - Luego, agrega el símbolo '@' al principio de la frase traducida. Esto te ayudará a encontrar las búsquedas reales de los internautas.

II. *Exploración de Frases Relevantes:*

Una vez que hayas agregado la arroba al término traducido, introduce la frase resultante en el motor de búsqueda de YouTube. Esto revelará una serie de frases que son las que realmente buscan los internautas. Sigue estos pasos:

1. Búsqueda en YouTube:

   - Ingresa la frase con '@' en el buscador de YouTube y observa las sugerencias que aparecen.

2. Encuentra Frases con Varios Vistas:

- Busca una frase que tenga videos con varias vistas, esto indica que es un tema de alto interés para la audiencia.

III. Filtrar Videos con Licencia Creative Commons:

Para garantizar que puedes utilizar el contenido de estos videos sin infringir los derechos de autor, selecciona la opción de 'Creative Commons' en los filtros de búsqueda de YouTube. Sigue estos pasos:

1. Filtrar por Creative Commons:

- Una vez que hayas encontrado un video relevante, selecciona la opción de 'Creative Commons' en los filtros de búsqueda.

IV. Obtención de Transcripciones y Traducción:

Ahora, vamos a obtener el contenido de estos videos para inspirarnos en la creación de nuestro propio contenido. Sigue estos pasos:

1. Transcripción del Video:

- Después de seleccionar un video, busca la opción para obtener la transcripción del video. YouTube proporciona la transcripción palabra por palabra de lo que se dice en el video.

2. Traducción al Idioma Deseado:

- Lleva esta transcripción al traductor de Google y convierte el texto al idioma en el que deseas crear tu video.

V. *Creación de Contenido Inspirado:*

Ahora tienes un texto del que puedes inspirarte para crear tu propio video, webinar, podcast o cualquier otro tipo de contenido. Puedes estar seguro de que este contenido es relevante y que contiene palabras clave que son de interés para tu audiencia. Además, habrás elegido un tema que ya ha demostrado su potencial al tener miles o incluso millones de vistas.

VI. *Posicionamiento en Google:*

Siguiendo la lógica de que si YouTube indexó este video en los primeros lugares, es probable que Google también lo haga. Esto significa que tu contenido tiene el potencial de clasificarse bien en los resultados de búsqueda de Google, lo que aumenta su visibilidad en línea.

Crea Videos de Calidad

Consejos y Herramientas

El video se ha convertido en una poderosa herramienta de comunicación y marketing en la era digital. Tanto si eres un creador de contenido, un empresario o simplemente alguien que quiere compartir su mensaje con el mundo, la creación de videos de calidad puede marcar la diferencia en tu éxito en línea. En este libro, te proporcionaremos consejos y herramientas para crear videos increíbles y relevantes sin costos significativos. Desde la elección de software gratuito hasta la búsqueda de recursos visuales, te guiaremos a través del proceso para que puedas empezar a crear contenido de video de alta calidad de manera accesible.

I. Software de Edición de Video Gratuito:

La base de un buen video es la edición adecuada. Aquí te presentamos algunas opciones de software de edición de video gratuitas:

1. Da Vinci Resolve:

- Si tienes una computadora de escritorio tipo PC, Da Vinci Resolve es una excelente opción. Es uno de los mejores programas de producción de video y ofrece una versión gratuita con muchas características poderosas.

2. iMovie (Mac):

- Para los usuarios de Mac, iMovie es una opción sólida para la edición de video. Viene preinstalado en la mayoría de las computadoras Mac y es fácil de usar.

3. OpenShot Video Editor (Linux):

   - Si utilizas Linux, OpenShot Video Editor es una opción popular y eficiente para la edición de video. Ofrece una interfaz amigable y funciones útiles.

II. Edición de Video en Línea:

Si no deseas descargar software en tu computadora, existen herramientas en línea que te permiten editar videos sin marca de agua y sin límite de tiempo. Puedes encontrar más información en el eBook gratuito que se menciona en este taller.

III. Grabación de Audio de Calidad:

El audio es una parte esencial de tus videos. Para grabar sonido o tu voz explicativa de alta calidad, te recomendamos Audacity. Es gratuito, versátil y funciona en todos los sistemas operativos. Asegúrate de utilizar un micrófono de calidad para obtener el mejor resultado posible.

IV. Recursos Visuales de Calidad:

La estética visual de tus videos es fundamental. Aquí te mostramos cómo obtener recursos visuales de alta calidad de forma gratuita:

1. Pexels:

- En Pexels, puedes encontrar videos cortos sobre una amplia variedad de temas para ilustrar tus propios videos. Todos estos recursos son de calidad suficiente para proyectos profesionales y, lo mejor, están bajo licencia Creative Commons, lo que te permite utilizarlos libremente. Asegúrate de dar crédito al autor o autores en tu video o descripción.

V. Citar y Reconocer a los Autores:

Es importante dar crédito adecuado a los autores de los recursos visuales y de audio que utilices en tus videos. Esto no solo es un requisito ético, sino que también puede ser necesario según las licencias Creative Commons. Crea una página en tu tienda en línea donde menciones a todos los autores de los videos, diseños, fotos, música y cualquier otro material que utilices en tus proyectos.

Optimización SEO

Cómo Encontrar y Utilizar Palabras Clave para Tu Estrategia de Video y Marketing

La optimización de motores de búsqueda (SEO) es una parte fundamental de cualquier estrategia de marketing en línea. Ya sea que estés promocionando un producto, un servicio o simplemente compartiendo contenido valioso, la elección de las palabras clave adecuadas puede marcar la diferencia en la visibilidad de tu contenido en los motores de búsqueda. En este libro, te mostraremos cómo encontrar y utilizar palabras clave de manera efectiva para tus videos y campañas de marketing. Ya sea que estés utilizando Google Keyword Planner o herramientas como Ubersuggest de Neil Patel, te guiaremos a través del proceso de búsqueda de palabras clave y cómo aplicarlas a tu estrategia.

I. Conexión al Planificador de Palabras Clave de Google:

Uno de los recursos más poderosos para la búsqueda de palabras clave es el Planificador de Palabras Clave de Google. Sigue estos pasos para conectarte:

1. Acceso al Planificador de Palabras Clave:

- Ve a la siguiente URL: [Planificador de Palabras Clave de Google]

(https://ads.google.com/aw/keywordplanner/home)

2. Acceso a Palabras Clave Relevantes:

- Cuando creas anuncios o campañas en Google Ads, es esencial encontrar palabras clave relevantes para tus anuncios. Estas palabras clave ayudarán a posicionar tus anuncios en los mejores lugares del motor de búsqueda.

II. *Utilización del Planificador de Palabras Clave:*

El Planificador de Palabras Clave de Google te permite buscar palabras clave y obtener información importante sobre su volumen de búsqueda y competencia. Sigue estos pasos:

1. Búsqueda de Palabras Clave:

  - Ingresa palabras clave relacionadas con tu nicho o industria en el Planificador de Palabras Clave.

2. Exploración de Resultados:

  - Explora los resultados para ver qué palabras clave tienen un alto volumen de búsqueda y cuáles tienen una competencia baja o moderada.

3. Selección de Palabras Clave:

  - Selecciona las palabras clave que son relevantes para tu contenido o negocio y que tienen un buen equilibrio entre volumen de búsqueda y competencia.

III. *Ubersuggest de Neil Patel:*

Además del Planificador de Palabras Clave de Google, otra herramienta valiosa para encontrar palabras clave es Ubersuggest de Neil Patel. Aquí está cómo puedes utilizarlo:

1. Acceso a Ubersuggest:

   - Visita el sitio web de Ubersuggest de Neil Patel.

2. Ingresar Palabra Clave:

   - Ingresa una palabra clave relevante en el campo de búsqueda de Ubersuggest.

3. Exploración de Sugerencias:

   - Ubersuggest te proporcionará una lista de sugerencias de palabras clave relacionadas, incluidas palabras clave de cola larga y variaciones de tu término original.

IV. Construcción de Narrativas y Contenido:

Una vez que hayas obtenido una lista de palabras clave relevantes, es hora de utilizarlas en tu estrategia de video y marketing. Aquí hay algunas formas de hacerlo:

1. Título de Video:

   - Utiliza una palabra clave relevante en el título de tu video. Esto ayudará a que tu video sea más fácilmente identificable por los motores de búsqueda.

2. Descripción de Video:

- Incluye palabras clave en la descripción de tu video. Esto proporcionará información adicional a los motores de búsqueda sobre el contenido de tu video.

3. Etiquetas (Tags) de Video:

- Agrega etiquetas de video que contengan palabras clave relevantes. Esto ayudará a categorizar tu video correctamente y a que sea más visible para los espectadores interesados en ese tema.

V. Monitorización y Ajustes:

El SEO es un proceso continuo. Después de publicar tus videos o contenido en línea, es importante monitorear el rendimiento y realizar ajustes según sea necesario. Observa las métricas de búsqueda y, si es necesario, ajusta tus palabras clave o estrategia de contenido.

Configura Tu Video

Consejos para el Éxito

YouTube se ha convertido en una plataforma fundamental para compartir contenido de video en línea y llegar a una audiencia global. Si deseas tener éxito en YouTube y maximizar la visibilidad de tus videos, la configuración adecuada es esencial. En este libro, te proporcionaremos consejos y pasos clave para configurar tu video en YouTube como un profesional. Desde la optimización de metadatos hasta la elección de licencias y programación, aprenderás cómo hacer que tus videos se destaquen en esta plataforma líder.

I. Te recomendamos el eBook 'La Guía del Video Marketing':

Antes de profundizar en la configuración de tu video, te recomendamos que consultes el libro 'La Guía del Video Marketing', adquiérelo en Amazon.

https://www.amazon.com/Rub%C3%A9n-Fox-ebook/dp/B0CCTZ2829

Esta guía proporciona información detallada sobre la publicación de videos en YouTube y te ayudará a comprender mejor los aspectos esenciales.

II. Propiedades del Video:

Después de haber producido tu video, es importante llenar adecuadamente los datos de las propiedades del video. Sigue estos pasos:

1. Título:

- Ingresa un título descriptivo y atractivo para tu video. El título es la primera impresión que tendrán los espectadores, así que asegúrate de que sea relevante y capte la atención.

2. Notas:

- Agrega notas o anotaciones que proporcionen información adicional o enlaces relevantes relacionados con el contenido del video.

3. Copyright:

- Completa la información de copyright para proteger tu contenido original. Esto es especialmente importante si estás utilizando material con derechos de autor.

4. Sitio Web:

- Incluye el enlace a tu sitio web o plataforma relacionada. Esto puede ayudar a dirigir el tráfico hacia tu sitio.

5. Autor:

- Especifica el nombre del autor o creador del video.

6. Año y Otros Datos:

- Proporciona detalles adicionales como el año de publicación u otra información relevante.

III. Modo Privado y Configuración Inicial:

Para una configuración más completa y efectiva, sigue estos pasos:

1. Modo Privado:

   - Sube tu video en 'Modo Privado' al principio. Esto te permitirá llenar todos los campos de configuración antes de que el video sea visible para el público.

2. Miniatura Personalizada:

   - Agrega una miniatura personalizada que sea atractiva y representativa de tu video. Las miniaturas son importantes para atraer la atención de los espectadores.

3. Etiquetas y Descripción:

   - Completa la descripción de tu video con información relevante y atractiva. Agrega palabras clave y hashtags relacionados con el contenido del video.

IV. Licencia Creative Commons:

Considera poner tu video bajo licencia Creative Commons en lugar de la licencia estándar de YouTube. Esto permite que otros internautas utilicen y compartan tu contenido, lo que puede aumentar tu visibilidad y alcance en la plataforma.

V. Optimización SEO:

Utiliza palabras clave relevantes y configuraciones de video que sean efectivas en tu nicho de competencia. Aprovecha la investigación de palabras clave que hayas realizado previamente y personaliza tu video para atraer a tu audiencia objetivo.

VI. Programación Estratégica:

Programa tu video para que se publique en una fecha y hora que consideres estratégicas. Publicar temprano por la mañana puede ayudar a aprovechar el tráfico y la atención de la audiencia.

El Poder del Dropshipping

Cómo Vender Productos de Otros en Tu Tienda en Línea

El mundo del comercio electrónico ofrece una gran cantidad de oportunidades, y una de las estrategias más efectivas para aumentar tus ventas y expandir tu catálogo es el dropshipping. Si estás planeando iniciar una tienda en línea o ya tienes una en funcionamiento, descubrirás en este libro cómo puedes aprovechar el dropshipping para vender productos de otros, aumentar tu oferta y, en última instancia, hacer crecer tu negocio en línea.

I. El Desafío de Ofrecer una Variedad de Productos:

Imagina que tienes una tienda en línea de moda femenina y deseas ofrecer no solo ropa, sino también accesorios, lencería, bolsos, zapatos y más. Sin embargo, producir o adquirir todos estos productos puede ser costoso y arriesgado, especialmente si estás comenzando tu proyecto. Aquí es donde entra en juego el dropshipping.

II. La Solución: Dropshipping

El dropshipping es un modelo de negocio en el que puedes vender productos sin tener que mantener un inventario físico. En lugar de comprar y almacenar productos, trabajas con proveedores que se encargan del almacenamiento, envío y gestión de inventario. Tu función principal es promocionar los productos y gestionar las ventas.

III. Cómo Funciona el Dropshipping:

Aquí hay una descripción general de cómo funciona el dropshipping:

1. Selección de Productos:

- Elijes los productos que deseas vender en tu tienda en línea. Pueden ser productos complementarios a tus propios libros o incluso productos de grandes marcas.

2. Registro en un Programa de Afiliados:

- Para vender productos de grandes marcas, puedes registrarte en un programa de afiliados a través de una agencia especializada como CJ. Esto te proporcionará un código de afiliado que rastreará las ventas realizadas a través de tu tienda en línea.

3. Comisión por Ventas:

- Por cada venta realizada a través de tu tienda en línea, recibirás una comisión. Esto te permite ganar dinero sin la necesidad de comprar y mantener un inventario.

IV. Beneficios del Dropshipping:

El dropshipping ofrece una serie de beneficios:

1. Menos Riesgo Financiero:

- No tienes que invertir grandes sumas de dinero en inventario. Esto reduce el riesgo financiero, especialmente si estás comenzando.

2. Amplia Variedad de Productos:

- Puedes ofrecer una amplia variedad de productos en tu tienda en línea sin preocuparte por el almacenamiento.

3. Comodidad y Flexibilidad:

- Puedes administrar tu tienda en línea desde cualquier lugar y en cualquier momento. No tienes que lidiar con el envío ni con la gestión de inventario.

V. Cómo Integrar el Dropshipping en Tu Tienda en Línea:

Aquí hay algunos pasos para integrar el dropshipping en tu tienda en línea:

1. Selección de Proveedores Confiables:

- Investiga y elige proveedores de dropshipping confiables que ofrezcan productos de alta calidad y un buen servicio.

2. Integración de Productos:

- Agrega los productos de tus proveedores a tu tienda en línea y asegúrate de que estén claramente etiquetados como productos de dropshipping.

3. Marketing y Promoción:

- Promociona los productos en tu tienda en línea a través de estrategias de marketing efectivas, como

SEO, publicidad en redes sociales y marketing de contenido.

VI. *La Importancia de YouTube en el Dropshipping:*

YouTube puede desempeñar un papel crucial en tu estrategia de dropshipping. Aquí hay algunas formas en que puedes utilizar YouTube para potenciar tus ventas:

1. Creación de Contenido de Producto:

- Crea videos informativos y atractivos sobre los productos que estás vendiendo. Muestra cómo funcionan, sus diferentes usos y sus características.

2. Utilización de Videos Oficiales de Grandes Marcas:

- Si estás vendiendo productos de grandes marcas, aprovecha los videos promocionales oficiales que proporcionan. Puedes incorporar estos videos en las fichas de productos de tu tienda en línea.

3. Construcción de un Catálogo en Video:

- Crea un catálogo completo en video que permita a los clientes ver los productos en acción. Esto puede aumentar la confianza y la interacción con tus productos.

Expandiendo tu Alcance

Publica tu Contenido de Video en Diferentes Plataformas

Cuando se trata de marketing de video, YouTube es la plataforma más conocida y utilizada, pero no debes limitarte solo a ella. Existen otras plataformas de video que pueden ampliar tu alcance y diversificar tu estrategia de marketing en línea. En este libro, exploraremos la importancia de publicar contenido de video en múltiples plataformas y cómo esta estrategia puede beneficiar a tu tienda en línea.

I. YouTube como Piedra Angular:

Es importante recordar que YouTube puede seguir siendo la piedra angular de tu estrategia de video marketing. Aquí es donde puedes crear y alojar tus videos principales, incluidos tutoriales, reseñas de productos y contenido promocional.

II. Diversificación en Dailymotion:

Una plataforma que a menudo se pasa por alto es Dailymotion. Esta plataforma ofrece una excelente oportunidad para la creatividad y la narrativa. Por ejemplo, si tu tienda en línea se especializa en moda femenina, puedes crear mini series temáticas donde los actores vistan exclusivamente con tus productos. Estas series pueden variar desde suspenso hasta comedia, lo importante es que tus productos sean los protagonistas.

III. Uso de Narrativa Creativa:

La narrativa creativa es clave en Dailymotion. Si vendes aceites, perfumes para el hogar o productos relajantes, puedes colaborar con un masajista o un terapeuta que use exclusivamente tus productos en una sesión de masaje o terapia. Esto permite que los espectadores vean tus productos en una situación real y crea un vínculo emocional con ellos.

IV. Diversidad de Contenido:

La diversidad es fundamental al publicar en diferentes plataformas. Puedes optar por otras plataformas para diferentes tipos de contenido, como webinars o cursos que resalten los beneficios de tus productos. Estos pueden presentarse como cápsulas informativas o incluso imitar los canales de ventas por televisión.

V. Beneficios de la Diversificación:

La diversificación de tus videos en varias plataformas puede brindar varios beneficios a tu tienda en línea:

1. Aumento del Alcance:

- Al publicar en diferentes plataformas, puedes llegar a una audiencia más amplia y diversa.

2. Variedad de Contenido:

- Puedes adaptar tu contenido para satisfacer las expectativas y preferencias de diferentes audiencias.

3. Refuerzo de la Marca:

- La presencia en múltiples plataformas puede fortalecer la visibilidad de tu marca y aumentar la confianza del cliente.

4. Mejor SEO:

- La publicación en varias plataformas puede mejorar tu posicionamiento en los resultados de búsqueda.

YouTube es Tu Aliado de Ventas

Transforma tu Canal en una Máquina para Generar Ingresos

YouTube, conocido por ser un gigante del contenido de video en línea, ofrece una oportunidad única para aquellos que buscan expandir sus horizontes comerciales. Más allá de ser una plataforma de entretenimiento, YouTube puede convertirse en tu aliado para las ventas. En este libro, exploraremos cómo puedes aprovechar YouTube como una poderosa página de ventas. Aprenderás sobre estrategias, ejemplos exitosos y consejos para sacar el máximo provecho de esta plataforma y aumentar tus ingresos.

I. Transformando YouTube en una Página de Ventas:

Convertir tu canal de YouTube en una página de ventas efectiva implica aprovechar al máximo el contenido de video para presentar tus productos o servicios de manera convincente. Veamos cómo hacerlo.

II. El Descriptivo del Video: Tu Herramienta de Conversión:

El descriptivo del video en YouTube es una herramienta valiosa que a menudo se pasa por alto. Puedes utilizarlo para proporcionar información detallada sobre el producto o servicio que estás promocionando. Agregar enlaces directos a la página de compra y ofrecer argumentos de venta sólidos puede convertir tu canal en una página de ventas efectiva.

III. Influencers de YouTube: Tu Socio de Ventas:

Los influencers de YouTube son personas con una gran base de seguidores que confían en sus opiniones y recomendaciones. Puedes colaborar con influencers relevantes para tu nicho de mercado y aprovechar su plataforma para promocionar tus productos o servicios. Esto puede generar un aumento significativo en las ventas, ya que los seguidores confían en las recomendaciones de sus influencers favoritos.

IV. Caso de Éxito: PewDiePie y su Estrategia de Ventas:

Un ejemplo destacado de cómo utilizar YouTube como una página de ventas es el caso de PewDiePie, un famoso creador de contenido con una enorme base de seguidores. PewDiePie ha utilizado su plataforma para promocionar una variedad de productos y servicios, ganando comisiones por cada venta generada a través de sus recomendaciones. Su éxito radica en su capacidad para conectar con su audiencia y ofrecer productos que sus seguidores desean.

V. Limitaciones y Consideraciones:

Es esencial tener en cuenta que, aunque YouTube puede ser una plataforma efectiva para las ventas, existe un límite en lo que los seguidores pueden comprar. Evita la sobreexposición a promociones excesivas, ya que esto podría alejar a tu audiencia.

VI. Estrategias para una Página de Ventas Exitosa en YouTube:

- Contenido Relevante: Asegúrate de que tus videos sean relevantes para tu audiencia y se relacionen con tus productos o servicios.

- Descriptivos Persuasivos: Crea descriptivos de video persuasivos que destaquen los beneficios y características de tus productos o servicios.

- Colaboraciones con Influencers: Considera asociarte con influencers para ampliar tu alcance y credibilidad.

- Llamadas a la Acción (CTA): Incluye CTA en tus videos y descriptivos para dirigir a los espectadores a la página de compra.

- Análisis de Datos: Utiliza las analíticas de YouTube para evaluar el rendimiento de tus videos y ajustar tu estrategia según sea necesario.

- Variedad de Contenido: Ofrece una variedad de contenido, desde reseñas de productos hasta tutoriales y demostraciones.

- Mantén la Autenticidad: Preserva la autenticidad y la confianza de tus seguidores al promocionar productos que realmente respaldas.

Conclusión General:

En este capítulo, hemos explorado una serie de estrategias y consejos para aprovechar al máximo YouTube como una poderosa herramienta de ventas en línea. Desde la creación de una página de ventas efectiva en tu canal hasta la colaboración con influencers y la promoción de productos, hemos descubierto cómo YouTube puede convertirse en un activo invaluable para tu estrategia de comercio electrónico.

Transformar tu canal de YouTube en una página de ventas efectiva implica la utilización inteligente del descriptivo del video, donde puedes proporcionar información detallada y enlaces directos a tus productos o servicios. También hemos analizado casos de éxito, como el de PewDiePie, que demuestran cómo los influencers pueden generar ventas significativas al promocionar productos que sus seguidores desean.

Sin embargo, es importante recordar que existe un equilibrio delicado entre la promoción y la autenticidad. Evita la sobreexposición a promociones excesivas que podrían alienar a tu audiencia leal. En cambio, busca ofrecer contenido relevante y valioso que respalde tu marca y atraiga a nuevos clientes.

En última instancia, YouTube ofrece un mundo de oportunidades para aquellos que desean aumentar sus ingresos en línea. Al seguir las estrategias y consejos compartidos en esta sesión, puedes aprovechar al máximo esta plataforma y hacer que YouTube sea una parte integral y exitosa de tu estrategia de ventas en línea. ¡No subestimes el poder de YouTube en el mundo del comercio electrónico!

Resumen sobre Youtube

1. El Poder de Youtube

YouTube es una herramienta poderosa en tu estrategia de comercio electrónico y SEO. Al crear contenido valioso y optimizado, aprovechar las estrategias de marketing de YouTube y monitorear tus resultados, puedes mejorar significativamente tu posicionamiento en línea y atraer más clientes a tu tienda en línea. No subestimes el poder de esta plataforma de video en tu búsqueda por el éxito en el comercio electrónico. ¡Comienza a utilizar YouTube como un profesional y observa cómo tus ventas y visibilidad aumentan!

Recuerda que la clave del éxito en YouTube y el SEO es la consistencia y la adaptación continua a las tendencias y al comportamiento de tu audiencia. ¡No dudes en dar el siguiente paso y utilizar YouTube como una poderosa herramienta para tu negocio en línea!

2. Busca Tendencias

Encontrar tendencias en YouTube es esencial para construir una estrategia de contenido efectiva. Al seguir estos tres simples pasos, puedes descubrir lo que los internautas realmente buscan y utilizar esa información para crear contenido relevante y atractivo que atraiga a futuros clientes. No subestimes el poder de esta técnica para impulsar tu presencia en línea y atraer una audiencia comprometida en YouTube. ¡Comienza a investigar y a crear contenido basado en tendencias para llevar tu estrategia de contenido al siguiente nivel!

3. Un Canal Estratégico

rear canales de YouTube estratégicos es esencial para potenciar tus ventas en línea. Deja de lado el ego y enfócate en lo que realmente busca tu audiencia. Crea múltiples canales centrados en productos específicos, ofrece contenido relevante y sigue una estrategia de contenido sólida. Con el tiempo, verás cómo tus canales de YouTube se convierten en una poderosa herramienta para expandir tu negocio en línea y llegar a un público más amplio.

4. Configura tu Canal

Configurar tus canales de YouTube adecuadamente es un paso fundamental para el éxito en esta plataforma de video. Asegúrate de dar a cada canal su propia identidad y funcionalidad, utiliza encabezados atractivos y mantente al tanto de los cambios en la plataforma. Con una configuración sólida y una estrategia bien planificada, podrás aprovechar al máximo YouTube como una herramienta efectiva de promoción y ventas.

5. Encuentra Temas Fácilmente

La técnica de Growth Hacking para encontrar temas de video es una forma técnica pero efectiva de descubrir contenido de alta demanda para tu canal de YouTube. Al seguir estos pasos, puedes estar seguro de que estás creando contenido relevante y atractivo para tu audiencia, lo que te ayudará a aumentar tus vistas y a posicionar tu contenido en los motores de búsqueda.

6. Videos de Calidad

Crear videos de calidad no tiene por qué ser costoso. Con las herramientas y recursos adecuados, puedes producir contenido de video atractivo y relevante de forma gratuita. Ya sea que estés promocionando tu negocio, compartiendo tu pasión o buscando llegar a una audiencia más amplia, estos consejos y herramientas te ayudarán a empezar.

7. No olvides las Palabras Clave

Encontrar y utilizar palabras clave efectivas es esencial para el éxito en línea. Ya sea que utilices el Planificador de Palabras Clave de Google o herramientas como Ubersuggest, la investigación de palabras clave te ayudará a dirigirte a la audiencia adecuada y a aumentar la visibilidad de tu contenido. Aprovecha estas herramientas y estrategias de SEO para impulsar tus videos y campañas de marketing y alcanzar tus objetivos en línea.

8. Configura tus Videos

Configurar tu video para YouTube de manera adecuada es esencial para el éxito en la plataforma. Desde los metadatos hasta la elección de licencias y la programación estratégica, cada detalle cuenta. Sigue estos consejos para configurar tus videos como un profesional y aumentar la visibilidad de tu contenido en línea. YouTube ofrece un potencial ilimitado para llegar a una audiencia global, y una configuración adecuada es el primer paso para aprovechar al máximo esta oportunidad.

9. El Dropshipping en Youtube

El dropshipping es una estrategia poderosa para expandir tu negocio en línea y ofrecer una amplia variedad de productos sin el riesgo financiero de mantener un inventario. Al asociarte con proveedores de confianza y utilizar YouTube de manera efectiva, puedes aprovechar al máximo esta estrategia y hacer crecer tu tienda en línea. A medida que continúas explorando las armas secretas del comercio electrónico, el dropshipping se convertirá en una herramienta invaluable en tu arsenal para el éxito en línea.

10. *Publica en Múltiples Plataformas*

En resumen, publicar tu contenido de video en múltiples plataformas es una estrategia inteligente para expandir tu alcance y diversificar tu estrategia de marketing. Ya sea utilizando Dailymotion para narrativas creativas o plataformas específicas para contenido educativo, la diversificación puede beneficiar significativamente a tu tienda en línea. Al mantener YouTube como tu piedra angular y explorar otras opciones, estarás mejor posicionado para alcanzar y cautivar a una audiencia más amplia.

11. *Youtube como Aliado de Ventas*

YouTube puede ser una herramienta poderosa para impulsar las ventas en línea si se utiliza estratégicamente. Transformar tu canal en una página de ventas, colaborar con influencers y ofrecer contenido valioso son formas de maximizar tu presencia en esta plataforma. Sin embargo, es crucial equilibrar la promoción con la autenticidad y la confianza del cliente.

Al seguir estas estrategias y consejos, puedes aprovechar al máximo YouTube como una página de ventas y aumentar tus ingresos en línea.

Podcast y Webinar

Los Secretos de las Ventas en Línea

Las estrategias efectivas son la clave para destacar y alcanzar el éxito. Uno de los secretos mejor guardados del comercio en línea es el uso de Podcasts y Webinars como herramientas poderosas para aumentar las ventas. A menudo pasadas por alto, estas dos formas de contenido ofrecen una oportunidad única para atraer a tu audiencia, construir relaciones sólidas y, finalmente, convertir espectadores en compradores leales.

En este libro, exploraremos en profundidad cómo los Podcasts y los Webinars pueden revolucionar tu estrategia de comercio electrónico. Descubrirás cómo utilizar estas herramientas de manera efectiva para conectar con tu audiencia, promocionar tus productos o servicios y alcanzar tus objetivos de ventas en línea. ¡Es hora de desvelar los secretos detrás de los Podcasts y Webinars en el mundo del comercio electrónico!

Tu Voz en el Mundo Digital

¿Qué son los Podcasts?

Los Podcasts son una forma de contenido en audio que ha ganado un gran impulso en los últimos años. A diferencia de los videos, los Podcasts se basan en el audio, lo que permite a los oyentes consumir contenido mientras realizan otras actividades, como conducir, hacer ejercicio o trabajar. Esta flexibilidad hace que los Podcasts sean una herramienta poderosa para llegar a una audiencia diversa y comprometida.

Crea tu Propio Podcast

La creación de tu propio Podcast puede ser una estrategia efectiva para aumentar las ventas en línea. Aquí hay algunos pasos clave para comenzar:

1. Identifica tu Tema y Audiencia: Antes de comenzar, debes definir el tema de tu Podcast y a quién está dirigido. ¿Qué nicho de mercado deseas cubrir? ¿Quiénes son tus oyentes ideales? Esta información te ayudará a crear contenido relevante y atractivo.

2. Equipo y Software: Invierte en un buen micrófono y software de edición de audio. La calidad del sonido es crucial en los Podcasts. Asegúrate de que tu contenido suene profesional.

3. Planifica y Graba: Planifica tus episodios con antelación. Crea un guión o una estructura para cada episodio y grábalo con entusiasmo y claridad.

4. Publica y Promociona: Sube tus episodios a plataformas de Podcast populares como Apple Podcasts, Spotify y Google Podcasts. Luego, promociona tu Podcast en tus redes sociales y sitio web para atraer oyentes.

Utiliza los Podcasts para Promocionar tus Productos

Una vez que tengas tu Podcast en marcha, puedes utilizarlo como una herramienta efectiva de ventas en línea. Aquí hay algunas estrategias clave:

- Entrevistas de Expertos: Invita a expertos en tu nicho para hablar sobre temas relacionados con tus productos o servicios. Esto aumentará la credibilidad de tu marca y atraerá a una audiencia interesada.

- Historias de Éxito: Comparte historias de éxito de tus clientes que han utilizado tus productos o servicios. Esto crea confianza y muestra pruebas sociales.

- Ofertas Especiales: Anuncia ofertas y descuentos exclusivos para los oyentes de tu Podcast. Crea códigos de descuento personalizados para rastrear las conversiones.

- Educación y Consejos: Proporciona contenido educativo relacionado con tus productos. Muestra cómo utilizarlos de manera efectiva y resuelve los problemas comunes que puedan surgir.

Las Mejores Plataformas

Crear Podcasts para Potenciar tu Estrategia de Comercio Electrónico

Los Podcasts se han convertido en una de las formas más populares de consumir contenido en línea en la actualidad. Estos programas de audio ofrecen una manera única de llegar a una audiencia comprometida que busca información relevante y entretenida. En el mundo del comercio electrónico, los Podcasts se han convertido en una herramienta valiosa para atraer clientes, compartir conocimientos y, lo más importante, aumentar las ventas.

En este libro, exploraremos las mejores plataformas para crear Podcasts y cómo puedes aprovecharlas para impulsar tu estrategia de comercio electrónico. Desde la creación hasta la promoción, te guiaremos a través de los pasos necesarios para utilizar los Podcasts como una poderosa herramienta de ventas en línea.

Plataformas de Podcast: ¿Dónde Comenzar?

La elección de la plataforma adecuada es fundamental cuando se trata de crear un Podcast exitoso. Afortunadamente, hay varias opciones disponibles, y cada una tiene sus propias características y ventajas. Veamos algunas de las mejores plataformas de Podcast:

1. Anchor.fm

Anchor.fm es una de las plataformas de Podcast más populares y utilizadas en la actualidad. Ofrece una amplia gama de herramientas y recursos que facilitan la creación y distribución de Podcasts. Algunas de las ventajas clave de Anchor.fm incluyen:

- Facilidad de Uso: Anchor.fm es conocida por su interfaz intuitiva y amigable para principiantes. Puedes comenzar a grabar y publicar Podcasts en cuestión de minutos.

- Distribución en Múltiples Plataformas: Anchor.fm facilita la distribución de tu Podcast en múltiples plataformas, incluyendo Apple Podcasts, Spotify y Google Podcasts.

- Herramientas de Edición: La plataforma ofrece herramientas de edición de audio simples pero efectivas para mejorar la calidad de tu Podcast.

- Monetización: Anchor.fm permite a los creadores monetizar sus Podcasts a través de anuncios y donaciones de oyentes.

2. Libsyn (Liberated Syndication)

Libsyn es una plataforma de alojamiento de Podcast que se utiliza ampliamente en la industria. Aunque no ofrece herramientas de grabación y edición como Anchor.fm, es una excelente opción para alojar tu contenido y distribuirlo a diversas plataformas. Algunas de las ventajas de Libsyn incluyen:

- Alojamiento Confiable: Libsyn se destaca por su alojamiento confiable y rápido, lo que garantiza que tus Podcasts estén disponibles para tus oyentes en todo momento.

- Estadísticas Detalladas: Proporciona estadísticas detalladas sobre el rendimiento de tus episodios, lo que te ayuda a comprender mejor a tu audiencia.

- Programación de Episodios: Puedes programar la publicación de tus episodios con anticipación, lo que te permite mantener una programación constante.

3. *Buzzsprout*

Buzzsprout es otra plataforma de Podcast popular que se centra en la simplicidad y la facilidad de uso. Es ideal para creadores que desean una experiencia sin complicaciones al crear y distribuir sus Podcasts. Las ventajas de Buzzsprout incluyen:

- Subida Fácil: Subir tus episodios a Buzzsprout es rápido y sencillo, lo que te permite concentrarte en la creación de contenido.

- Distribución Automatizada: Buzzsprout distribuye automáticamente tus Podcasts a importantes plataformas como Apple Podcasts, Spotify y Google Podcasts.

- Estadísticas de Seguimiento: Ofrece estadísticas detalladas para que puedas evaluar el rendimiento de tus episodios y ajustar tu estrategia en consecuencia.

4. *Transistor*

Transistor es una plataforma de Podcast que se destaca por su enfoque en los podcasters comerciales. Si deseas utilizar tu Podcast como parte integral de tu estrategia de comercio electrónico, Transistor puede ser una excelente opción. Sus características incluyen:

- Múltiples Sitios Web de Podcast: Puedes alojar múltiples Podcasts en un solo plan, lo que es ideal si tienes una variedad de temas o productos que deseas promocionar.

- Integración de Analíticas: Ofrece herramientas de analíticas para rastrear el rendimiento de tus episodios y la demografía de tu audiencia.

- Límite de Almacenamiento Generoso: Transistor ofrece límites de almacenamiento generosos, lo que te permite cargar una gran cantidad de contenido sin preocuparte por los costos adicionales.

Consejos para Crear un Podcast Exitoso

Ahora que has seleccionado una plataforma de Podcast, es crucial comprender cómo crear contenido efectivo que resuene con tu audiencia y fomente las ventas en línea. Aquí tienes algunos consejos clave para tener en cuenta:

1. Define tu Audiencia y Tema

Antes de comenzar a grabar, define claramente a quién te diriges y el tema de tu Podcast. Cuanto más específico seas, mejor podrás conectar con tu audiencia objetivo.

2. Planifica tus Episodios

Crea un calendario de contenido y planifica tus episodios con anticipación. Esto te ayudará a mantener una programación coherente y a garantizar que tu contenido esté alineado con tus objetivos de ventas.

3. Invierte en Calidad de Audio

La calidad de audio es fundamental en los Podcasts. Invierte en un buen micrófono y asegúrate de que tu sonido sea claro y profesional.

4. Promociona tus Productos de Manera Sutil

No satures tus episodios con promociones de productos. En su lugar, integra estratégicamente menciones de tus productos o servicios de manera natural y relevante en tu contenido.

5. Fomenta la Interacción con la Audiencia

Anima a tus oyentes a participar mediante preguntas, comentarios y encuestas. Cuanto más interactúes con tu audiencia, más sólidas serán las relaciones que construyas.

Webinars: Tu Canal en Vivo para las Ventas

Además de los Podcasts, los Webinars son una herramienta valiosa en el mundo del comercio electrónico. Estos seminarios en línea en vivo te permiten interactuar directamente con tu audiencia y proporcionar información valiosa sobre tus productos o servicios. A continuación, exploraremos cómo puedes utilizar los Webinars para impulsar tus ventas en línea.

Utilizando Webinars para Impulsar tus Ventas en Línea

Los Webinars son eventos en línea en vivo que ofrecen una excelente oportunidad para interactuar con tu audiencia en tiempo real. Aquí hay algunas estrategias efectivas para utilizar Webinars en tu estrategia de ventas en línea:

1. Educación y Demostración de Productos

Organiza Webinars que ofrezcan educación sobre tus productos o servicios. Demuestra cómo funcionan, resalta sus características y beneficios, y responde a las preguntas de los participantes. Esto ayuda a los posibles clientes a comprender mejor lo que ofreces.

2. Ofertas y Descuentos Exclusivos

Anuncia ofertas especiales y descuentos exclusivos durante tus Webinars. Esto crea un sentido de urgencia y alienta a los participantes a realizar compras impulsivas.

3. Sesiones de Preguntas y Respuestas (Q&A)

Dedica tiempo en tu Webinar para responder preguntas en vivo de los participantes. Esto demuestra tu expertise y construye confianza con tu audiencia.

4. Invita a Expertos

Considera invitar a expertos en tu nicho como oradores invitados en tus Webinars. Esto puede aumentar la credibilidad de tu marca y atraer a una audiencia más amplia.

5. Grabaciones y Repeticiones

Asegúrate de grabar tus Webinars para que aquellos que no pudieron asistir en vivo aún puedan acceder al contenido. También puedes repetir los Webinars populares para llegar a nuevas audiencias.

Aprovecha las Tendencias de YouTube para Impulsar tus Podcasts

En el mundo del marketing en línea, estar al tanto de las últimas tendencias es esencial para mantenerse relevante y alcanzar a tu audiencia objetivo. YouTube, como una de las plataformas de video más grandes del mundo, ofrece una ventana única para explorar las tendencias emergentes y capitalizarlas en tu estrategia de marketing. En este libro, te mostraremos cómo utilizar las tendencias de YouTube para crear Podcasts que atraigan a una audiencia más amplia y te ayuden a impulsar tus objetivos comerciales.

Comprender las Tendencias de YouTube

Antes de sumergirnos en cómo aprovechar las tendencias de YouTube para tus Podcasts, es importante comprender qué son y cómo funcionan estas tendencias. YouTube es un motor de búsqueda masivo, y los usuarios buscan constantemente una variedad de temas y contenido. Las tendencias de YouTube son simplemente los temas o palabras clave que están experimentando un aumento significativo en la búsqueda y visualización.

YouTube muestra una sección de 'Tendencias' en su plataforma que presenta los videos más populares y discutidos en un momento dado. Estos videos son seleccionados en función de factores como el número de visitas, los me gusta, los comentarios y la velocidad de crecimiento de la audiencia.

Cómo Utilizar las Tendencias de YouTube en tus Podcasts

Aprovechar las tendencias de YouTube para tus Podcasts puede ser una estrategia efectiva para aumentar tu audiencia y promover tus productos o servicios. Aquí tienes una guía paso a paso sobre cómo hacerlo:

Paso 1: Identificar las Tendencias Relevantes

El primer paso es identificar las tendencias de YouTube que son relevantes para tu nicho de mercado o industria. Si ya tienes un canal de YouTube o un podcast, es importante que el contenido que crees esté alineado con tu audiencia actual y tus objetivos comerciales.

- Investigación de Palabras Clave: Utiliza herramientas de investigación de palabras clave como Google Trends, SEMrush o el Planificador de Palabras Clave de Google Ads para identificar las palabras clave y temas que están experimentando un aumento en la búsqueda.

- Búsqueda en YouTube: Realiza búsquedas directamente en YouTube utilizando la arroba (@) al principio de la palabra clave para ver las sugerencias de búsqueda relacionadas. Esto te dará una idea de las tendencias actuales.

- Explora la Sección de Tendencias: Visita la sección de 'Tendencias' en YouTube para ver los videos populares en tiempo real. Esto te ayudará a identificar las tendencias emergentes que podrías aprovechar.

Paso 2: *Crea Contenido Relevante*

Una vez que hayas identificado una tendencia relevante, es hora de crear contenido que se alinee con ella. Aquí hay algunos consejos para la creación de contenido:

- Sé Relevante: Asegúrate de que tu contenido aborde la tendencia de manera relevante. No se trata solo de aprovechar una palabra clave popular, sino de brindar información valiosa o entretenimiento relacionado con la tendencia.

- Aporta Valor: Tu contenido debe agregar valor a tus oyentes. Responde preguntas, proporciona información útil o entretén de manera significativa.

- Sé Original: Aporta tu propio estilo y perspectiva al contenido. La originalidad puede ayudarte a destacar entre la competencia.

Paso 3: *Optimiza tus Títulos y Descripciones*

La optimización es clave para que tus Podcasts aparezcan en los resultados de búsqueda de YouTube. Asegúrate de lo siguiente:

- Título Relevante: Utiliza un título que incluya la palabra clave principal de la tendencia y sea atractivo para los usuarios.

- Descripción Detallada: Escribe una descripción detallada que explique de qué trata el Podcast y cómo se relaciona con la tendencia. Incluye palabras clave adicionales relacionadas con el tema.

- Etiquetas y Hashtags: Utiliza etiquetas relevantes y hashtags en tu descripción para ayudar a que tu contenido sea más visible en las búsquedas de YouTube.

Paso 4: *Promoción y Participación*

Una vez que hayas creado tu Podcast basado en la tendencia de YouTube, es hora de promocionarlo y fomentar la participación de la audiencia:

- Comparte en Redes Sociales: Comparte tu Podcast en tus perfiles de redes sociales y grupos relevantes. Pide a tus seguidores que lo compartan también.

- Interactúa con los Comentarios: Responde a los comentarios y preguntas de tu audiencia. La interacción construye una comunidad leal.

- Invita a la Participación: Anima a tus oyentes a dejar comentarios, hacer preguntas o sugerir temas para futuros episodios.

Paso 5: Realiza un Seguimiento de tu Rendimiento

Mide el rendimiento de tu Podcast basado en la tendencia de YouTube para evaluar su impacto en tus objetivos comerciales. Utiliza métricas como las visitas, la duración de la reproducción, los me gusta y los comentarios para determinar el éxito de tu contenido. Ajusta tu estrategia según sea necesario para optimizar los resultados.

Encontrando Temas Relevantes

La creación de contenido relevante y atractivo es esencial para el éxito de cualquier podcast. Encontrar temas que interesen a tu audiencia y que estén en línea con tus objetivos es una parte fundamental de la planificación de tus episodios. En este libro, exploraremos estrategias efectivas para encontrar temas relevantes para tus podcasts y cómo asegurarte de que estás ofreciendo contenido de calidad que atraiga a tus oyentes.

La Importancia de los Temas Relevantes

Los temas de tus podcasts desempeñan un papel crucial en la retención de la audiencia y el crecimiento de tu base de seguidores. Si tus episodios son interesantes, útiles y relevantes para tu audiencia, es más probable que los oyentes regresen y compartan tu contenido con otros. Por lo tanto, es esencial encontrar temas que resuenen con tu audiencia y que estén en línea con tus objetivos y valores.

Pasos para Encontrar Temas Relevantes

A continuación, se presentan algunos pasos que puedes seguir para encontrar temas relevantes y atractivos para tus podcasts:

1. Investigación de Palabras Clave

La investigación de palabras clave es una herramienta poderosa para identificar temas populares en tu nicho o industria. Utiliza herramientas de investigación de palabras clave como Google Trends, SEMrush o el Planificador de Palabras Clave de Google Ads para descubrir las frases y términos que están experimentando un aumento en las búsquedas en línea. Estas palabras clave pueden servir como punto de partida para tus temas de podcast.

2. Búsqueda en YouTube

YouTube es una plataforma rica en contenido y una fuente invaluable para identificar temas populares. Como se mencionó anteriormente, puedes utilizar la función de búsqueda de YouTube para explorar las sugerencias de búsqueda relacionadas. Esto te dará una idea de las tendencias actuales y de los temas que los internautas están buscando.

3. Búsqueda en Google

Google es el motor de búsqueda más grande del mundo y ofrece una función de autocompletar que sugiere términos de búsqueda relacionados a medida que escribes. Para encontrar temas relevantes, simplemente ingresa una palabra clave, frase o expresión en el motor de búsqueda de Google. A medida que comienzas a escribir, Google te mostrará una lista de sugerencias de búsqueda. Estas sugerencias son frases que los internautas utilizan comúnmente en sus búsquedas.

4. Comparación de Resultados

Una vez que hayas recopilado una lista de palabras clave y frases relacionadas de YouTube y Google, es hora de comparar los resultados. Busca similitudes y coincidencias entre las frases sugeridas en ambas plataformas. Las frases que aparecen en ambas fuentes son las que tienen más probabilidades de ser relevantes y populares entre tu audiencia.

5. Evalúa la Relevancia y el Interés

No basta con identificar palabras clave populares; también debes evaluar la relevancia y el interés de estos temas para tu audiencia. Pregúntate si los temas se alinean con los intereses y necesidades de tus oyentes. Considera si puedes aportar una perspectiva única o contenido valioso sobre estos temas.

6. Mantén un Ojo en las Tendencias Actuales

Las tendencias cambian con el tiempo, por lo que es importante mantenerse actualizado. Sigue investigando y monitoreando las tendencias actuales en tu nicho o industria. Las redes sociales y las plataformas de noticias son excelentes recursos para mantenerse al tanto de las tendencias emergentes.

Graba un Podcast

La grabación de un podcast es una parte fundamental de la producción de contenido de audio de alta calidad. Si bien no necesitas un equipo de alta gama, es importante prestar atención a ciertos detalles para asegurarte de que tu podcast suene nítido y atractivo para tus oyentes. En este libro, exploraremos consejos esenciales para grabar un podcast de calidad, desde la elección del equipo adecuado hasta la importancia de la emoción en tu voz.

1. No Necesitas un Equipo de Alta Gama

Aunque es tentador invertir en un micrófono de alta calidad y otros equipos profesionales, la realidad es que la mayoría de los oyentes escucharán tu podcast en dispositivos móviles o con auriculares básicos. Por lo tanto, no es necesario gastar una fortuna en equipo de grabación. Un micrófono decente y un entorno de grabación tranquilo son suficientes para obtener un sonido de calidad.

2. Graba en Formato MP3

Cuando grabes tu podcast, asegúrate de hacerlo directamente en formato MP3. La mayoría de las plataformas de alojamiento y distribución de podcasts convierten automáticamente los archivos de audio a este formato para ahorrar espacio en sus servidores. Al grabar en MP3 desde el principio, te aseguras de que la calidad se mantenga y no se degrade durante la conversión.

3. Evita la Saturación del Audio

La saturación del audio ocurre cuando el volumen de la grabación es demasiado alto y provoca distorsión. Evita este problema manteniendo un nivel de grabación adecuado en tu micrófono. Si observas que la señal de audio se está acercando al límite máximo, reduce la ganancia o el volumen de entrada para evitar la saturación.

4. Habla con Claridad y Pausadamente

La claridad y la dicción son fundamentales en la grabación de un podcast. Articula tus palabras y habla pausadamente para que los oyentes puedan entender claramente lo que estás diciendo. Recuerda que cada coma en tu guion es una respiración, y cada punto es una pausa. Esto facilita la comprensión y mejora la calidad general del podcast.

5. Elimina Ruidos Parásitos

Antes de iniciar la grabación, asegúrate de que no haya ruidos parásitos en tu entorno. Esto incluye ruidos de fondo como vecinos ruidosos, mascotas o ruidos de tráfico. Utiliza auriculares para monitorear tu grabación y detectar cualquier ruido no deseado. En la postproducción, puedes utilizar herramientas de eliminación de ruido si es necesario.

6. Verifica la Uniformidad de Frecuencias

La uniformidad de frecuencias se refiere a la consistencia en la calidad del sonido a lo largo de tu grabación. Escucha tu podcast en diferentes momentos para asegurarte de que no haya cambios notables en la calidad del audio. Esto garantiza que tu podcast se escuche bien en una variedad de dispositivos.

7. Escucha en Dispositivos de Calidad Baja

Un consejo valioso es escuchar tu grabación en dispositivos de baja calidad, como altavoces de teléfono o auriculares básicos. Si tu podcast suena bien en estos dispositivos, es probable que suene aún mejor en equipos de alta calidad. Asegúrate de que tu mensaje sea accesible para una amplia gama de oyentes.

8. Graba de una Sola Vez

La continuidad es clave en la grabación de un podcast. Evita grabar por partes y opta por hacerlo todo de una sola vez. Esto mantiene la coherencia y la emoción en tu voz. Si es necesario, puedes realizar ediciones posteriores para corregir errores o mejorar ciertas secciones.

9. La Emoción es Fundamental

Recuerda que la emoción es fundamental en la grabación de un podcast. Tu entusiasmo y pasión por el tema se transmitirán a tus oyentes. Evita hablar de manera monótona y busca conectar emocionalmente con tu audiencia. La emoción es una de las claves para retener a tus oyentes y mantenerlos comprometidos.

10. Agrega Tags a tu grabación

El Podcast se configura de la misma manera que el video que vamos a subir a Youtube; es decir, comienza por hacer clic secundario en la grabación, sin abrirla y busca 'Propiedades', ahí podrás agregar datos importantes como el autor, la fecha, unas palabras clave, hashtags, sitios Web, descriptivo, etc. Audacity te puede ser muy útil pues, antes de guardar tu grabación en Mp3, te va a preguntar si quieres agregarle los tags correspondientes.

Crea un Webinar Exitoso

Impulsa tu Tienda en Línea

La competencia es feroz, y cada día más empresas se suman a la carrera por atraer la atención de los consumidores en línea. En este contexto, es esencial buscar formas innovadoras de promocionar tus productos o servicios y destacar en el mercado. Una estrategia efectiva que puede marcar la diferencia es la creación de webinars.

¿Qué son los Webinars?

Los Webinars son seminarios en línea que permiten la interacción en tiempo real con tu audiencia. Estos eventos en vivo son una excelente manera de proporcionar información valiosa, responder preguntas y construir relaciones con tus clientes potenciales.

Un webinar es una herramienta poderosa que te permite conectar con tu audiencia de una manera única y personalizada. A través de estas presentaciones en línea, puedes compartir conocimientos, demostrar tus productos o servicios, y establecer relaciones más cercanas con tus clientes potenciales.

Cómo Organizar un Webinar Exitoso

Organizar un Webinar efectivo requiere una planificación cuidadosa y una ejecución profesional.

1. Elige un Tema Relevante y Complementario

El primer paso para crear un webinar efectivo es seleccionar un tema que sea relevante para tu audiencia y que esté relacionado de manera complementaria con tus productos o servicios. Si tienes una tienda de moda femenina, por ejemplo, podrías organizar un webinar sobre consejos de estilo o tendencias de moda actuales.

2. Prepara un Contenido de Valor

La clave de un webinar exitoso es brindar contenido de valor a tus espectadores. Investiga y prepara una presentación informativa y atractiva que responda a las necesidades y preguntas de tu audiencia. Proporciona consejos prácticos, datos interesantes y soluciones a los desafíos comunes que enfrentan tus clientes.

3. Escoge la Plataforma de Webinar Adecuada

Existen numerosas plataformas de webinar disponibles, como Zoom, Webex, GoToWebinar y muchas otras. Investiga y elige la que mejor se adapte a tus necesidades y presupuesto. Algunas ofrecen opciones gratuitas con funcionalidades limitadas, mientras que otras brindan características más avanzadas a un costo.

4. Promoción y Registro

Una parte crucial de la preparación de tu webinar es la promoción. Utiliza tus canales de marketing, redes sociales y lista de correo electrónico para llegar a tu audiencia. Crea una página de registro atractiva donde los interesados puedan inscribirse para el webinar. Ofrece incentivos, como materiales descargables o descuentos exclusivos, para aumentar las inscripciones.

5. Interacción y Participación

Durante el webinar, fomenta la interacción y la participación de tu audiencia. Haz preguntas, crea encuestas y responde a las consultas en vivo. Esto no solo mantendrá a tu audiencia comprometida, sino que también te permitirá recopilar información valiosa sobre sus intereses y necesidades.

6. Demostraciones y Ejemplos Prácticos

Si tienes productos o servicios que deseas destacar, considera la posibilidad de realizar demostraciones en vivo o compartir ejemplos prácticos durante el webinar. Los videos y las imágenes pueden ser especialmente útiles para mostrar cómo funcionan tus productos y cómo pueden beneficiar a tus clientes.

7. Post-Webinar: Seguimiento y Conversión

Después del webinar, no olvides realizar un seguimiento con los participantes. Envía un correo electrónico de agradecimiento y proporciona enlaces directos a tus productos o servicios relacionados. Ofrece descuentos exclusivos o promociones especiales para los asistentes del webinar como incentivo para convertirse en clientes.

8. Crea una Web TV para Albergar tus Webinars

Una estrategia adicional es crear una Web TV que albergue tus webinars pasados y futuros. Puedes utilizar plataformas como YouTube para alojar los videos y luego crear un sitio web o página dedicada en Google Sites para organizar tus webinars por categorías. Agrega enlaces que dirijan a los espectadores a las páginas de productos correspondientes para facilitar la conversión.

Estrategias para Difundir tus Webinars

Los webinars se han convertido en una herramienta fundamental en el mundo del comercio electrónico para promover productos y servicios de manera efectiva. Estas presentaciones en línea no solo permiten transmitir conocimientos y crear conexiones con la audiencia, sino que también pueden ser utilizadas estratégicamente para impulsar tu tienda en línea. En este libro, exploraremos estrategias para difundir tus webinars y potenciar tu comercio electrónico.

1. Utiliza tu Base de Datos de Prospectos

Una de las formas más efectivas de difundir tus webinars es a través de tu base de datos de prospectos. Estas personas ya han mostrado interés en tu marca o productos en el pasado, lo que los convierte en un público objetivo ideal para tus webinars. Envía correos electrónicos personalizados invitándolos a unirse a tus próximas presentaciones en línea y destaca los beneficios que obtendrán al participar.

2. Campañas de Comunicación Específicas

Cuando estés en medio de una campaña de comunicación específica para un producto o servicio en tu tienda en línea, enfoca tus esfuerzos de difusión en esa campaña en particular. En este caso, no dirijas a los internautas a tus plataformas de webinars o redes sociales; en su lugar, concéntralos en la campaña específica y guíalos hacia la página de producto correspondiente.

3. Páginas de Agradecimiento

Después de que un cliente realiza una compra en tu tienda en línea, los redireccionamientos a páginas de agradecimiento son comunes. En lugar de simplemente agradecer por la compra, aprovecha esta oportunidad para ofrecerles acceso a tus webinars. Crea una página de agradecimiento que incluya opciones para explorar tus webinars, tu catálogo interactivo o navegar por categorías relevantes. Esta estrategia puede mantener a los clientes comprometidos y alentarlos a explorar más de lo que tu tienda en línea tiene para ofrecer.

4. Páginas de Error Amigables

Cuando un visitante se encuentra en una página de error, como el típico 'Error 404' o 'Página no Encontrada', en lugar de dejarlos frustrados, guíalos hacia opciones útiles. Crea una página de error amigable que ofrezca varias alternativas, incluyendo el acceso a tus webinars. Esto puede ayudar a redirigir a los visitantes perdidos hacia contenido valioso en lugar de dejarlos abandonar tu sitio web.

5. Publica Notas de Prensa

Aprovecha plataformas de notas de prensa para promocionar tus webinars de una manera más amplia. Crea comunicados de prensa que destaquen los temas de tus webinars y cómo pueden beneficiar a tu audiencia. En lugar de promocionar un producto en particular, enfoque tus esfuerzos en promover la acción de unirse a tus webinars. Cada comunicado de prensa puede abordar un tema diferente, lo que amplía tus oportunidades de llegar a nuevos públicos.

6. Temáticas Relevantes y Atractivas

Cuando crees tus webinars, asegúrate de que las temáticas sean relevantes y atractivas para tu audiencia. Investiga las tendencias y las necesidades de tu mercado objetivo y adapta tus webinars en consecuencia. Al ofrecer contenido que responde a las preguntas o inquietudes de tus clientes, aumentarás la probabilidad de que se inscriban y participen en tus presentaciones en línea.

7. Colaboraciones Estratégicas

Otra estrategia efectiva es colaborar con otros profesionales o empresas que compartan tu público objetivo. Organiza webinars conjuntos donde puedan aportar sus conocimientos y experiencias. Esto no solo ampliará tu alcance, sino que también te permitirá llegar a nuevas audiencias interesadas en tus productos o servicios.

Podcasts y Webinars en Tu Estrategia

A medida que los consumidores en línea demandan experiencias más ricas y cautivadoras, las tiendas en línea deben adaptarse y ofrecer contenido de calidad que vaya más allá de simples imágenes y descripciones de productos. Aquí es donde entran en juego los podcasts y webinars. Estas poderosas herramientas de marketing pueden enriquecer tu estrategia de comercio electrónico y llevarla al siguiente nivel.

¿Por Qué Utilizar Podcasts y Webinars en el Comercio Electrónico?

Antes de sumergirnos en cómo integrar estas herramientas, es importante comprender por qué son tan valiosas para el comercio electrónico.

1. Mayor Compromiso del Usuario

Los podcasts y webinars permiten una interacción más profunda con tu audiencia. Mientras que las imágenes y el texto son efectivos, la voz y la presentación en vivo agregan un nivel completamente nuevo de compromiso. Tus clientes pueden escucharte o verte en acción, lo que ayuda a construir una relación más sólida y auténtica.

2. Educación del Cliente

Estas herramientas te brindan la oportunidad de educar a tus clientes de una manera más efectiva. Puedes explicar detalladamente cómo usar tus productos o servicios, responder preguntas frecuentes y proporcionar consejos útiles. Esto no solo ayuda a tus clientes a tomar decisiones informadas de compra, sino que también demuestra tu experiencia en tu nicho de mercado.

3. Diversificación de Contenido

Diversificar tu contenido es clave para mantener el interés de tu audiencia. Los podcasts y webinars ofrecen una forma diferente de consumir contenido en comparación con las imágenes y el texto tradicionales. Esto es especialmente beneficioso si deseas atraer a una audiencia variada con diferentes preferencias de consumo de contenido.

Cómo Integrar Podcasts y Webinars en Tu Estrategia de Comercio Electrónico

Ahora que comprendes por qué estos medios son valiosos, aquí te explicamos cómo integrarlos en tu estrategia de comercio electrónico.

1. Utiliza Plataformas Compatibles

La mayoría de las plataformas de video y audio permiten integrar tus webinars o podcasts mediante una línea de código en HTML o JavaScript. Esta línea de código puede agregarse fácilmente a cualquier página web, lo que te brinda la flexibilidad de personalizar la apariencia y el diseño.

Wordpress y los Sitios de Google, por ejemplo, tienen plugins incorporados en su 'Diseñador' que simplifican la integración de videos de YouTube o audio de podcasts. En muchos casos, no necesitas conocimientos de codificación para lograrlo.

2. Aprovecha la Potencia de WordPress y Google Sites

Si deseas crear una experiencia más inmersiva, considera la posibilidad de utilizar WordPress o Google

Sites. Ambas plataformas te permiten crear páginas completas con videos o categorías que contienen enlaces a tus podcasts y webinars. Esto es especialmente útil si deseas construir una 'Web TV' donde puedas organizar y presentar tu contenido de manera efectiva.

Si no te sientes cómodo con la integración técnica, siempre puedes solicitar la ayuda de un desarrollador web que te ayude a incorporar tus podcasts y webinars en tu sitio.

3. *Personalización y Diseño*

Aprovecha al máximo la oportunidad de personalizar la apariencia y el diseño de tus podcasts y webinars integrados. Asegúrate de que se integren perfectamente con la estética de tu tienda en línea para proporcionar una experiencia de marca cohesiva.

4. *Promoción Efectiva*

Una vez que hayas integrado tus podcasts y webinars, promociónalos de manera efectiva. Agrega enlaces destacados en tu sitio web, en tus correos electrónicos de marketing y en tus redes sociales. Anima a tus clientes a participar y escuchar o ver el contenido.

Aprovecha al Máximo los Podcasts y Webinars para Impulsar tus Ventas

Los podcasts y los webinars son herramientas de comunicación y venta que a menudo se pasan por alto en el mundo del comercio electrónico. En este libro, hemos explorado cómo puedes aprovechar al máximo estas poderosas herramientas para mejorar tus estrategias de ventas en línea.

Podcasts: Más que Entretenimiento

Los podcasts, esos programas de audio que se pueden escuchar en línea o descargar para disfrutar más tarde, son una excelente manera de conectarte con tu audiencia de una manera más personal y significativa. Aunque pueden parecer ajenos al mundo de las ventas en línea, pueden ser una adición valiosa a tu estrategia de ventas.

1. Contenido Relevante: Los podcasts te permiten crear contenido relevante y valioso para tu audiencia. Puedes abordar temas relacionados con tu nicho de mercado y ofrecer información útil que resuelva los problemas de tus clientes potenciales.

2. Establece Autoridad: Al crear podcasts informativos y útiles, puedes establecerte como una autoridad en

tu industria. Esto genera confianza en tus clientes y puede influir en su decisión de compra.

3. Promoción Sutil: A diferencia de la publicidad directa, los podcasts te permiten promocionar tus productos o servicios de manera sutil. Puedes mencionar tus productos en el contexto de la discusión, lo que puede ser más efectivo que los anuncios tradicionales.

4. Integración en tu Sistema de Ventas: Los podcasts pueden integrarse en diversas partes de tu sistema de ventas en línea. Puedes enlazarlos desde páginas de destino, fichas de productos o incluso tu catálogo. Esto proporciona a tus clientes potenciales una experiencia de compra más enriquecedora.

Webinars: Educación y Venta en Acción

Los webinars, seminarios web en línea, son una excelente manera de educar a tu audiencia y llevar a cabo actividades de venta en tiempo real. Veamos cómo puedes aprovecharlos para impulsar tus ventas en línea.

1. Educación en Profundidad: Los webinars te permiten profundizar en tus productos o servicios. Puedes proporcionar demostraciones en vivo, responder

preguntas y abordar las preocupaciones de tus clientes en tiempo real.

2. Compromiso en Vivo: Los webinars son interactivos y te brindan la oportunidad de interactuar directamente con tu audiencia. Esto puede ayudarte a establecer una conexión más fuerte y a responder a las objeciones de compra de inmediato.

3. Ventas en Tiempo Real: Durante un webinar, puedes presentar tus productos o servicios y realizar ventas en tiempo real. Ofrecer descuentos exclusivos o regalos especiales a los asistentes puede ser una estrategia efectiva para cerrar ventas.

4. Generación de Clientes Potenciales: Los webinars son excelentes para la generación de clientes potenciales. Puedes recopilar información de contacto de los asistentes y seguir interactuando con ellos después del evento.

5. Integración en tu Sistema de Ventas: Al igual que los podcasts, los webinars pueden integrarse en tu sistema de ventas en línea. Puedes dirigir a los asistentes a páginas de productos, ofertas especiales o cualquier otra parte de tu sitio web que desees promocionar.

Resumen sobre los Podcast

1. ¿Qué son los Podcasts?

Los Podcasts son una forma de contenido en audio que ha ganado un gran impulso en los últimos años. A diferencia de los videos, los Podcasts se basan en el audio, lo que permite a los oyentes consumir contenido mientras realizan otras actividades, como conducir, hacer ejercicio o trabajar. Esta flexibilidad hace que los Podcasts sean una herramienta poderosa para llegar a una audiencia diversa y comprometida. No pierdas tiempo y Crea tu Propio Podcast.

2. El Poder de la Voz

Los Podcasts y los Webinars son herramientas poderosas que pueden transformar tu estrategia de comercio electrónico. Al utilizar estas plataformas de manera efectiva, puedes conectar con tu audiencia, promocionar tus productos o servicios y aumentar tus ventas en línea. Ya sea que estés comenzando o buscando mejorar tu estrategia actual, incorporar Podcasts y Webinars puede marcar la diferencia en tu éxito en el comercio electrónico. ¡No subestimes el poder de la voz y la interacción en tiempo real en el mundo digital!

3. *Sigue las Tendencias de Tus Prospectos*

Aprovechar las tendencias de YouTube para tus Podcasts es una estrategia efectiva para aumentar tu audiencia y promover tu negocio en línea. Al identificar tendencias relevantes, crear contenido de calidad y optimizar tus títulos y descripciones, puedes aumentar la visibilidad de tu Podcast y llegar a una audiencia más amplia. Recuerda que la consistencia y la interacción con la audiencia son clave para el éxito a largo plazo. ¡No subestimes el poder de las tendencias de YouTube en tu estrategia de Podcasting!

4. *Encuentra Temas Relevantes*

Encontrar temas relevantes para tus podcasts es esencial para mantener el interés de tu audiencia y atraer a nuevos oyentes. Utiliza la investigación de palabras clave, la búsqueda en YouTube y Google, y la comparación de resultados para identificar temas populares. Sin embargo, no olvides evaluar la relevancia y el interés de estos temas para tu audiencia específica. Al seguir estos pasos, puedes estar seguro de que estás ofreciendo contenido de calidad que resonará con tus oyentes y te ayudará a alcanzar tus objetivos con tu podcast. ¡Prepárate para crear episodios emocionantes y atractivos que mantendrán a tu audiencia comprometida y satisfecha!

5. Agrega Tags a tu grabación

El Podcast se configura de la misma manera que el video que vamos a subir a Youtube; es decir, comienza por hacer clic secundario en la grabación, sin abrirla y busca 'Propiedades', ahí podrás agregar datos importantes como el autor, la fecha, unas palabras clave, hashtags, sitios Web, descriptivo, etc. Audacity te puede ser muy útil pues, antes de guardar tu grabación en Mp3, te va a preguntar si quieres agregarle los tags correspondientes.

6. No necesitas un Equipo muy Costoso

Grabar un podcast de calidad no requiere de un equipo costoso, pero sí implica prestar atención a los detalles técnicos y emocionales. Siguiendo estos consejos, puedes crear contenido de audio atractivo y envolvente que mantenga a tu audiencia comprometida y vuelva por más. ¡Prepárate para cautivar a tus oyentes con un sonido de calidad y un mensaje impactante en tus podcasts!

7. *Osa Crear un Webinar*

Los webinars son una herramienta poderosa para impulsar tu tienda en línea y destacar en el competitivo mundo del comercio electrónico. Al elegir temas relevantes, ofrecer contenido de valor y promocionar de manera efectiva, puedes aprovechar al máximo esta estrategia para atraer a nuevos clientes y fomentar la lealtad de los existentes. ¡Prepárate para conectar con tu audiencia y llevar tu tienda en línea al siguiente nivel con webinars impactantes!

8. *Una estrategia de Venta*

os webinars son una herramienta poderosa para potenciar tu comercio electrónico y llegar a tu audiencia de manera efectiva. Al utilizar estrategias como el aprovechamiento de tu base de datos, la promoción durante campañas específicas y la creación de páginas de agradecimiento y error amigables, puedes aumentar la visibilidad de tus webinars y, en última instancia, mejorar las conversiones en tu tienda en línea. ¡Prepárate para compartir conocimientos valiosos y aumentar la participación de tus clientes a través de webinars impactantes!

9. *Aprovecha las Técnicas y las Plataformas*

La integración de podcasts y webinars en tu estrategia de comercio electrónico puede marcar la diferencia en la forma en que te relacionas con tus clientes y cómo se sienten con respecto a tu marca. Estas herramientas no solo mejoran la experiencia del usuario, sino que también educan a tus clientes y diversifican tu contenido. Aprovecha las plataformas y técnicas disponibles para incorporar podcasts y webinars en tu estrategia y prepárate para un mayor compromiso y conversión de clientes.

10. *Potencia tu Estrategia de Ventas con Podcasts y Webinars*

Los podcasts y los webinars son herramientas valiosas que pueden enriquecer tu estrategia de ventas en línea. Ofrecen la oportunidad de crear contenido relevante, establecer autoridad en tu industria, promocionar tus productos de manera sutil y conectarte de manera más profunda con tu audiencia.

Para aprovechar al máximo estas herramientas, considera cómo puedes integrar los podcasts y los webinars en tu sistema de ventas en línea. Ya sea enlazándolos desde páginas de destino, ofreciendo contenido educativo en profundidad o realizando ventas en tiempo real, estas herramientas tienen el potencial de llevar tus ventas en línea al siguiente nivel.

Market Places

Marketplaces para Vender en el Extranjero

El mundo del comercio electrónico ha experimentado un crecimiento exponencial en los últimos años, y uno de los aspectos más emocionantes de esta evolución es la oportunidad de expandirse más allá de las fronteras nacionales. Si alguna vez has realizado una compra en línea, es probable que hayas oído hablar de nombres como Mercado Libre, Amazon o eBay. Estas plataformas, conocidas como marketplaces, no solo ofrecen oportunidades de compra en línea, sino también de venta. ¿Sabías que estas plataformas tienen presencia en el extranjero y que tú también puedes abrir una tienda en ellas en el país que elijas? En este libro, exploraremos las ventajas de vender en marketplaces extranjeros y cómo puedes aprovechar esta estrategia para expandir tu negocio.

Marketplaces: Una Visión General

Los marketplaces son plataformas en línea que conectan a vendedores con compradores. Estas plataformas ofrecen una amplia variedad de productos y categorías, desde productos electrónicos hasta ropa, libros y más. Los ejemplos mencionados, como Mercado Libre, Amazon y eBay, son solo algunos de los marketplaces más grandes y reconocidos a nivel mundial.

¿Por Qué Vender en el Extranjero?

La idea de vender en el extranjero puede parecer desafiante al principio, pero presenta una serie de ventajas que pueden impulsar significativamente tu negocio. Aquí hay algunas razones para considerar expandir tu presencia a través de marketplaces extranjeros:

1. Mayor Alcance y Potencial de Ventas

Cuando vendes en el extranjero, estás accediendo a un mercado mucho más grande que el nacional. Esto significa que puedes llegar a un público más amplio y, potencialmente, aumentar tus ventas de manera significativa. Los consumidores de diferentes países buscan productos exclusivos y están dispuestos a comprar en marketplaces extranjeros para obtener lo que desean.

2. Diversificación de Ingresos

Depender exclusivamente de un mercado nacional puede ser arriesgado. Las fluctuaciones económicas o los cambios en la demanda pueden afectar drásticamente tus ventas. Al expandirte a marketplaces extranjeros, diversificas tus fuentes de ingresos y reduces el riesgo de depender en exceso de un solo mercado.

3. Acceso a Mercados Emergentes

Algunos países tienen mercados emergentes en rápido crecimiento que ofrecen oportunidades únicas para los vendedores. Al vender en marketplaces extranjeros, puedes aprovechar estas tendencias y ser parte de un crecimiento acelerado en ciertos sectores.

4. Mayor Credibilidad y Confianza

Vender en marketplaces extranjeros puede aumentar la credibilidad y la confianza de tu marca. Los compradores internacionales suelen sentirse más seguros al comprar en plataformas reconocidas y establecidas a nivel mundial. Esto puede ayudarte a atraer a un público más amplio y generar lealtad a largo plazo.

Cómo Empezar a Vender en Marketplaces Extranjeros

Ahora que comprendes las ventajas de vender en el extranjero, es importante saber cómo dar el primer paso. Aquí tienes algunos consejos para comenzar:

1. Investigación de Mercado

Antes de abrir una tienda en un marketplace extranjero, realiza una investigación exhaustiva del mercado. Aprende sobre las preferencias de los consumidores locales, las tendencias de compra y la competencia en ese mercado específico.

2. Selección del Marketplace

No todos los marketplaces son iguales. Evalúa cuál es el más adecuado para tu tipo de productos y tu público objetivo. Amazon, por ejemplo, es conocido por su alcance global, mientras que Mercado Libre tiene una fuerte presencia en América Latina.

3. Traducción y Localización

Asegúrate de que tu contenido esté en el idioma local y que tus listados de productos estén adaptados a las preferencias culturales y de compra de los consumidores del país en el que deseas vender.

4. Logística y Envíos Internacionales

Planifica cómo manejarás la logística y los envíos internacionales. Debes garantizar que tus productos lleguen a tiempo y en buenas condiciones a tus clientes en el extranjero.

5. Servicio al Cliente Global

Ofrece un servicio al cliente excepcional que sea sensible a las diferencias culturales y las zonas horarias. La atención al cliente es fundamental para construir una reputación positiva en el extranjero.

Definición de Marketplace

El Centro Comercial en Línea para tus Productos

En la era digital en la que vivimos, el comercio electrónico se ha convertido en una parte fundamental de la economía global. Uno de los pilares de esta revolución es el Marketplace, una plataforma en línea que se asemeja a un centro comercial virtual. En este libro, exploraremos a fondo qué es un Marketplace, cómo funciona y por qué se ha convertido en una parte esencial del mundo del comercio en línea.

¿Qué es un Marketplace?

Un Marketplace, o Market Place en español, es un concepto que ha ganado una tremenda popularidad en los últimos años. Para entenderlo mejor, imagina un centro comercial en línea con múltiples tiendas y espacios recreativos, donde puedes adquirir una variedad infinita de productos y servicios. En esencia, es un espacio virtual donde vendedores y compradores se encuentran para realizar transacciones comerciales.

El Funcionamiento de un Marketplace

La dinámica de un Marketplace es bastante similar a la de un centro comercial físico. Aquí hay un desglose de cómo funciona:

1. *Tiendas Virtuales:*

En un Marketplace, los vendedores pueden establecer sucursales virtuales de sus tiendas en línea. Esto significa que puedes ofrecer los productos que tienes a la venta en un entorno centralizado y muy concurrido.

2. *Comisiones por Transacción:*

Uno de los aspectos clave de los Marketplaces es que, por cada compra realizada por un cliente, la plataforma toma una comisión. Esta comisión funciona de manera similar al alquiler de un local en un centro comercial físico, donde el dueño del espacio cobra una tarifa a los minoristas.

3. *Carrito de Compras y Pagos:*

El cliente utiliza el carrito de compras proporcionado por el Marketplace para seleccionar los productos que desea comprar. Una vez que se completa la transacción, el vendedor recibe el pago en su cuenta, después de que se haya deducido la comisión correspondiente por el funcionamiento de la plataforma.

4. *Organización por Categorías:*

Al igual que en un supermercado físico, los productos en un Marketplace se organizan en categorías para facilitar la navegación de los visitantes. Esto ayuda a los compradores a encontrar rápidamente lo que están buscando y a los vendedores a destacar sus productos dentro de categorías específicas.

5. *Espacios Publicitarios:*

Los Marketplaces ofrecen oportunidades adicionales para que los vendedores promocionen sus productos.

Estos espacios publicitarios se pueden encontrar en la página principal, en productos relacionados, en banners y otras ubicaciones estratégicas dentro del Marketplace.

6. *Publicidad y Tráfico Propio:*

Un aspecto importante de los Marketplaces es que generan su propio tráfico y manejan su propia publicidad en línea. Esto significa que atraen a un flujo constante de visitantes, lo que aumenta las posibilidades de que los compradores encuentren tu tienda y tus productos.

Beneficios de Utilizar un Marketplace

Ahora que comprendes qué es un Marketplace y cómo funciona, es crucial entender por qué esta opción se ha vuelto tan popular tanto para vendedores como para compradores:

1. *Alcance Global:*

Los Marketplaces permiten a los vendedores llegar a una audiencia global, lo que puede aumentar significativamente las ventas y la visibilidad de la marca.

2. Menos Inversión Inicial:

En lugar de construir y promocionar tu propia tienda en línea desde cero, puedes aprovechar la infraestructura existente de un Marketplace, lo que reduce los costos iniciales.

3. Mayor Confianza del Cliente:

Los compradores tienden a sentirse más seguros al comprar en un Marketplace establecido debido a la reputación y las medidas de seguridad que ofrece.

4. Facilita la Logística:

La mayoría de los Marketplaces gestionan la logística y el procesamiento de pagos, lo que alivia una gran parte de la carga operativa para los vendedores.

5. Variedad de Productos:

Los compradores disfrutan de la variedad de productos disponibles en un solo lugar, lo que aumenta la probabilidad de compra repetida.

Encontrando Tus Mercados Ideales

Los Marketplaces, esos centros comerciales virtuales que han transformado la manera en que compradores y vendedores interactúan en línea, son conocidos por su diversidad. Cada uno de ellos tiene sus propias características y nichos de mercado específicos. En este libro, exploraremos cómo encontrar los mercados ideales en los Marketplaces para vender tus productos o servicios. Además, descubrirás estrategias para aprovechar al máximo estas plataformas y expandir tu presencia en línea.

La Variedad de Marketplaces

Un aspecto fascinante de los Marketplaces es su diversidad. Cada plataforma tiene un enfoque único y atrae a diferentes tipos de compradores. Algunos ejemplos notables incluyen:

1. Etsy:

Etsy es conocido por ser un paraíso de productos artesanales y de decoración. Si tienes una tienda en línea que ofrece productos hechos a mano o libros de diseño, este Marketplace podría ser el lugar perfecto para ti.

2. eBay:

eBay ha prosperado con su modelo de subastas en línea. Si tienes productos raros o únicos que podrían interesar a coleccionistas o compradores que buscan ofertas, eBay es una excelente opción.

3. Amazon:

Amazon comenzó como una librería en línea, pero ha crecido hasta convertirse en una gigantesca plataforma donde los internautas pueden comprar prácticamente cualquier cosa. Si tienes una gama diversa de productos, Amazon podría ser el lugar adecuado para llegar a un público masivo.

4. Ali Baba:

Ali Baba es un Marketplace generalista que ofrece una amplia gama de productos. Si estás buscando un enfoque global desde el principio, Ali Baba podría ser la elección adecuada.

5. Otros Mercados en Línea:

Existen numerosos Marketplaces en línea más allá de los mencionados. Esto significa que tienes la libertad de elegir el tipo de centro comercial virtual en el que deseas vender tus productos o servicios.

Estrategias de Venta en los Marketplaces

La clave para el éxito en los Marketplaces radica en la estrategia que elijas. Aquí hay algunas estrategias efectivas que los vendedores han implementado con éxito:

1. *Diversificación de Productos:*

Una estrategia común es ofrecer una categoría de productos en un Marketplace y otra categoría en otra plataforma. De esta manera, puedes desarrollar una presencia en línea sólida sin que los Marketplaces entren en conflicto al vender los mismos productos del fabricante.

2. *Campañas de Venta Dirigidas:*

Muchos productores preparan campañas de venta específicas para cada Marketplace. Esto implica adaptar tus estrategias de marketing y promoción para satisfacer las expectativas y preferencias de los compradores de cada plataforma.

3. *Expandir a Mercados Internacionales:*

Una estrategia que se ha vuelto cada vez más popular es utilizar el Sistema de Ventas en un mercado iberoamericano y, al mismo tiempo, desarrollar las ventas en otros países a través de los Marketplaces. Esto permite un crecimiento significativo y una mayor exposición global.

Creando Sucursales

Expande Tu Negocio Más Allá de las Fronteras

En la era del comercio electrónico, la expansión global se ha convertido en una meta deseada para muchos negocios en línea. Los Marketplaces, como Ali Baba, Amazon, eBay, Etzy, Cdiscount y Mercado Libre, ofrecen una oportunidad única para alcanzar una audiencia internacional masiva.

El Potencial de los Marketplaces

Los Marketplaces son plataformas en línea que funcionan como centros comerciales virtuales, y algunos de ellos tienen un alcance verdaderamente impresionante. Por ejemplo, Ali Baba, en 2017, representaba aproximadamente el 90% del mercado en línea en China, lo que equivale a unos 700 millones de internautas. Esto es tres veces más que toda la población de América Latina. Amazon, por su parte, es uno de los Marketplaces más populares en el mundo occidental.

Crear una Sucursal Virtual

Una de las ventajas de los Marketplaces es que permiten a los vendedores crear sucursales virtuales en sus plataformas. Veamos cómo funciona en algunos de los Marketplaces más conocidos:

1. *Amazon:*

Amazon es uno de los Marketplaces más accesibles para crear una sucursal virtual. Configurar tu tienda en línea en Amazon es un proceso relativamente sencillo. Aunque puede parecer complicado al principio, es algo similar a configurar un canal en YouTube, como se vio en otro curso.

2. *eBay:*

Al igual que Amazon, eBay ofrece la posibilidad de crear una tienda en línea de manera eficiente.

3. *Etzy, Cdiscount y Mercado Libre:*

Estos Marketplaces también brindan opciones interesantes para los vendedores que desean expandir su presencia en línea.

Preguntas Clave

Antes de abrir sucursales en el extranjero a través de los Marketplaces, es importante hacerse las siguientes preguntas:

1. *Capacidad de Producción:*

¿Tienes la capacidad de producción suficiente para satisfacer la demanda del mercado extranjero? Asegúrate de contar con suficiente inventario para cubrir las necesidades de tus clientes.

2. *Variedad de Productos:*

¿Ofreces una variedad suficiente de libros como para ingresar en varios Marketplaces, o es más conveniente centrarte en uno solo? La diversificación puede ser una estrategia poderosa, pero también debes asegurarte de que tu catálogo sea lo suficientemente amplio.

3. *Logística Eficiente:*

¿Tienes un sistema de envíos que puede acortar los tiempos de entrega a nivel internacional? La logística eficiente es esencial para brindar una experiencia positiva al cliente.

4. *Resiliencia ante Eventos Inesperados:*

¿Estás preparado para enfrentar eventos inesperados como una pandemia u otros problemas logísticos? Tener un plan de contingencia es crucial para mantener el negocio en funcionamiento.

Ventajas de Estar Presente en Marketplaces Internacionales

La presencia en un Marketplace internacional ofrece varias ventajas:

1. *Medición del Mercado Global:*

   Puedes medir la temperatura global del mercado y adaptarte a las exigencias y preferencias cambiantes de los clientes en diferentes regiones del mundo.

2. *Ampliación de Audiencia:*

   Expande tu audiencia y llega a consumidores de diversas culturas y costumbres. Esto te brinda una perspectiva más amplia y te permite ajustar tu estrategia de marketing de manera efectiva.

3. *Implementación de un Sistema de Ventas Global:*

   Una vez que encuentres un mercado de alta aceptación para tus productos, puedes implementar un sistema de ventas similar al que has aprendido en este taller, pero dirigido a un público diferente.

Conociendo Otras Costumbres

La Clave para el Éxito en Marketplaces Internacionales

El mundo del comercio electrónico ha abierto las puertas a oportunidades globales, permitiéndonos vender nuestros productos y servicios en mercados internacionales a través de Marketplaces. Sin embargo, para tener éxito en estos mercados, es fundamental comprender y respetar las costumbres y culturas locales. En este libro, exploraremos por qué conocer otras costumbres es esencial al vender en Marketplaces internacionales y cómo adaptar tu estrategia para maximizar tus posibilidades de éxito.

La Diversidad de Mercados Internacionales

Cuando decides expandir tu negocio en línea a través de Marketplaces internacionales, te adentras en un mundo de diversidad cultural y social. Lo que funciona en un país puede no tener el mismo impacto en otro. Por ejemplo, las formas de comprar en Polonia pueden ser muy diferentes de las de Tailandia, y lo que es aceptable en un lugar podría no serlo en otro. Aquí es donde entra en juego el conocimiento de las costumbres locales.

Errores Inevitables

Cuando te aventuras en un nuevo mercado, es casi inevitable cometer errores. Estos errores pueden ser costosos en términos de ventas perdidas, pero también son valiosas lecciones. Afortunadamente, estos errores iniciales suelen ser menores y, en su mayoría, pueden corregirse. Sin embargo, lo que no se puede recuperar fácilmente es el tiempo que se pierde al implementar un Sistema de Ventas que no está adaptado a las costumbres locales.

La Importancia de Conocer las Costumbres

Conocer las costumbres locales es clave para el éxito en Marketplaces internacionales. Aquí hay algunas razones por las que esto es fundamental:

1. *Comprender el Proceso de Compra:*

   Las formas en que las personas compran varían de un lugar a otro. Algunos pueden preferir la negociación, mientras que otros valoran la rapidez y la eficiencia en la transacción. Comprender cómo funciona el proceso de compra en un país te permitirá adaptar tu estrategia de ventas y satisfacer las expectativas de los clientes.

2. *Precios y Ofertas:*

Los precios y las ofertas que funcionan en un país pueden no ser igual de efectivos en otro. Es importante ajustar tus precios y promociones para que sean competitivos y atractivos en el mercado local.

3. *Etiqueta y Normas Sociales:*

Lo que se considera aceptable en términos de etiqueta y normas sociales puede variar ampliamente entre países. Saber cómo comunicarte de manera respetuosa y evitar ofender a los clientes locales es esencial.

4. *Preferencias de Producto:*

Los gustos y preferencias de los consumidores pueden ser muy diferentes en diferentes regiones. Lo que se vende bien en un lugar puede no tener demanda en otro. Investigar y adaptar tu oferta de productos es crucial.

5. *Eventos y Festividades:*

Las fechas especiales y festividades varían de un país a otro. Aprovechar estas ocasiones para ofrecer promociones y descuentos relevantes puede ser una estrategia efectiva.

Cómo Adaptar tu Estrategia

Una vez que comprendas las costumbres locales, puedes adaptar tu estrategia de ventas de la siguiente manera:

1. Personalización:

Personaliza tu comunicación y estrategias de marketing para reflejar las preferencias locales. Esto puede incluir la traducción de contenido, el uso de imágenes relevantes y la incorporación de elementos culturales.

2. Precios Competitivos:

Ajusta tus precios para que sean competitivos en el mercado local. Realiza una investigación de mercado para comprender la estructura de precios y las expectativas de los clientes.

3. Atención al Cliente:

Ofrece un servicio al cliente excepcional que refleje las expectativas locales en cuanto a la calidad y la velocidad de respuesta.

4. *Estrategias de Promoción:*

Diseña promociones y ofertas que se alineen con las festividades y eventos locales. Esto puede generar un mayor interés y participación por parte de los consumidores.

¿No Sabes Hablar Otros Idiomas?

Cómo Superar Esta Barrera en el Comercio Electrónico

En un mundo cada vez más globalizado, el comercio electrónico ofrece oportunidades ilimitadas para llegar a audiencias internacionales. Sin embargo, la barrera del idioma puede ser un obstáculo para algunos emprendedores. Afortunadamente, hoy en día, superar esta barrera es más fácil que nunca gracias a los servicios de traducción y corrección disponibles en línea. En este libro, exploraremos cómo puedes expandir tu negocio en línea sin la necesidad de hablar otros idiomas.

La Importancia del Comercio Electrónico Global

El comercio electrónico ha transformado la forma en que las empresas llegan a los consumidores. Ya no estás limitado a tu mercado local; puedes vender tus productos o servicios en todo el mundo. Sin embargo, para aprovechar al máximo esta oportunidad, es esencial llegar a audiencias de diferentes idiomas y culturas.

¿No Sabes Otros Idiomas? No Hay Problema

El hecho de no conocer otros idiomas ya no debe ser un obstáculo para expandir tu negocio internacionalmente. Hay varias soluciones disponibles que te permiten superar esta barrera de manera efectiva:

1. Servicios de Traducción en Línea:

Existen numerosos servicios de traducción en línea que ofrecen traducciones de alta calidad a precios razonables. Un ejemplo es '5 euros dot com', donde puedes encontrar personas dispuestas a traducir textos por una tarifa sorprendentemente baja. Los precios comienzan en 5 euros (aproximadamente 6 dólares) por servicio. Esto te permite acceder a traducciones profesionales sin gastar una fortuna.

2. Acceso al Mercado Francófono:

Si deseas ingresar al mercado francófono, '5 euros dot com' es la plataforma que necesitas. Esto te permitirá vender en países como Francia, Bélgica, Luxemburgo, Suiza, Argelia, Marruecos, Túnez y otros. Además, muchos de estos países tienen una población que habla tanto español como francés, lo que facilita la comunicación y la adaptación de tus productos o servicios.

3. *Acceso al Mercado Asiático:*

Si deseas expandirte al mercado asiático, plataformas como Fiverr te brindan acceso a profesionales que hablan mandarín y pueden realizar traducciones del castellano o del inglés directamente al mandarín. Esto te permite llegar a un mercado masivo en países como China.

4. *Acceso al Mercado de Habla Inglesa:*

Del mismo modo, en Fiverr y otros portales, encontrarás profesionales que pueden traducir tus textos del castellano al inglés, lo que te abrirá las puertas al mercado anglófono.

El Mundo Como Tu Oportunidad

El mundo es tuyo cuando se trata de expandir tu negocio en línea. Imagina ofrecer tus productos o servicios mediante tu Sistema de Ventas a 200 millones de internautas de habla hispana. A través de los Marketplaces, puedes llegar a más de 800 millones de personas que utilizan Internet en China, otros 200 millones de hablantes de francés y una cantidad considerable de angloparlantes. Estos números te dan una idea de la magnitud del mercado global que tienes a tu alcance.

Crear un Sistema de Ventas Multilingüe

Si bien crear un sistema de ventas para cada mercado transnacional y multilingüe puede ser costoso y requerir mucho esfuerzo, es importante tener en cuenta que existen soluciones más accesibles y efectivas a través de los Marketplaces.

La Noción de 'Exótico'

Vende en Mercados Internacionales

Para tener éxito en el comercio internacional, es esencial comprender la noción de 'exótico' y cómo esta percepción puede influir en lo que vendes, cómo lo ofreces y a quién lo ofreces. Lo que consideramos común en nuestro entorno puede ser completamente exótico en otros lugares del mundo. En este libro, exploraremos cómo esta noción puede impactar tu estrategia de ventas en mercados internacionales.

El Concepto de 'Exótico'

Lo que es exótico es relativo y está fuertemente influenciado por la perspectiva cultural. Algo que para nosotros es familiar y común puede ser percibido como emocionante y diferente en otro lugar. Para ilustrar esto, consideremos el ejemplo de los monumentos icónicos de París.

Ejemplo: Monumentos en París

Los parisinos a menudo pasan por alto la Torre Eiffel o el Arco del Triunfo, ya que estos monumentos son parte de su vida cotidiana. Sin embargo, para visitantes de otras partes del mundo, estos lugares son extremadamente exóticos y despiertan un gran interés. Esta percepción de lo exótico también se aplica a monumentos en regiones mayas o a maravillas en Tailandia o Marruecos para los parisinos.

Adaptar tu Oferta al Concepto de 'Exótico'

Cuando intentas vender en mercados internacionales, es crucial adaptar tu oferta y estrategia de ventas a la noción de 'exótico'. Esto implica varios aspectos importantes:

1. Productos y Servicios Relevantes:

Identificar productos o servicios que se perciben como exóticos en tu mercado objetivo puede ser una estrategia efectiva. Por ejemplo, en Europa, prendas de vestir hechas de tela 'jerga', que se utilizan para la limpieza en América Latina, pueden considerarse exóticas y atractivas.

2. *Investigación de Mercado:*

Realizar un estudio de mercado exhaustivo es esencial. Visitar el Marketplace en el que planeas implementar tu tienda en línea te dará información valiosa sobre qué productos o servicios están en demanda y cómo perciben la idea de lo exótico tus futuros clientes.

3. *Participación en Grupos de Discusión:*

Unirte a grupos de discusión y foros en línea relacionados con tu industria te permitirá interactuar con clientes potenciales y obtener información sobre sus preferencias y expectativas.

4. *Adaptación a Modos de Pago:*

No trates de imponer tus modos de pago habituales. Cada región puede tener sus propios sistemas de pago preferidos. Asegúrate de ofrecer opciones de pago que sean populares y confiables en el mercado objetivo. Sistemas como PayPal suelen ser una opción segura y ampliamente aceptada.

Ejemplos de Productos 'Exóticos':

- Quesos Europeos en América Latina: En América Latina, algunos quesos europeos pueden venderse a precios elevados debido a su percepción de exotismo. En Europa, estos mismos quesos son comunes y económicos. Comprender esta dinámica te ayudará a fijar precios competitivos en mercados internacionales.

- Artesanía Trenzada: Productos como el mimbre o las canastas trenzadas pueden no considerarse exóticos en ciertas regiones donde se producen, pero pueden ser altamente valorados en otros lugares donde no son comunes.

Entendiendo las Diferencias Culturales

Cuando decides vender tus productos en mercados internacionales, es esencial comprender que las diferencias culturales pueden influir significativamente en la percepción y aceptación de tus productos. Una de las áreas clave en las que estas diferencias culturales se hacen evidentes es el uso del color en la ropa, la decoración y los objetos de uso diario. En este libro, exploraremos cómo configurar tus productos para tener éxito en mercados internacionales, teniendo en cuenta las variaciones en las preferencias de color y estilo en diferentes culturas.

La Importancia de los Colores en la Cultura

Los colores tienen un papel importante en la cultura y la percepción humana. Lo que puede ser un color tradicional y significativo en una región puede tener connotaciones completamente diferentes en otra. Es crucial comprender cómo se interpretan los colores en diferentes culturas para configurar tus productos de manera efectiva.

Diferencias en las Preferencias de Color

Uno de los ejemplos más notables de diferencias culturales en cuanto a colores es la preferencia de tonos en la ropa, la decoración y los objetos de uso diario. Veamos cómo estas diferencias se manifiestan en diferentes partes del mundo:

1. Europa:

En Europa, los colores utilizados en América Latina a menudo se perciben como más brillantes y llamativos. Por ejemplo, los colores intensos y vibrantes que son populares en América Latina pueden parecer demasiado agresivos en la moda y la decoración de interiores en Europa. Por esta razón, muchos vendedores de muebles y productos de decoración latinoamericanos prefieren enviar sus productos sin pintar a Europa, permitiendo que los clientes locales los pinten y apliquen pátina según sus gustos y preferencias.

2. *Asia:*

Asia es un continente diverso con una amplia variedad de preferencias de color. Algunos colores, como el rojo, pueden tener significados muy positivos en algunas culturas asiáticas, mientras que en otras pueden considerarse menos auspiciosos. Es esencial investigar las preferencias de color específicas para cada país o región asiática a la que deseas vender tus productos.

3. *Estados Unidos:*

En los Estados Unidos, las preferencias de color pueden variar según la región y la demografía. Por ejemplo, en algunas áreas urbanas, los colores modernos y minimalistas pueden ser populares, mientras que en otras regiones, los colores más tradicionales y rústicos pueden ser preferidos. Comprender estas diferencias es clave para configurar tus productos de manera efectiva en el mercado estadounidense.

Adaptación de Productos para el Éxito Internacional

Configurar tus productos para el éxito internacional implica varios pasos importantes:

1. *Investigación de Mercado*:

Realiza una investigación exhaustiva de mercado para comprender las preferencias de color y estilo en la región a la que deseas vender. Esto puede incluir el análisis de tendencias, la participación en grupos de discusión y la consulta de estudios de mercado existentes.

2. *Flexibilidad en el Diseño*:

Diseña tus productos de manera que puedan ser personalizados o adaptados según las preferencias del cliente en diferentes regiones. Ofrecer opciones de color o acabado puede aumentar la aceptación de tus productos.

3. *Creación de Sucursal en Marketplaces*:

Antes de establecer un Sistema de Ventas completo, considera la creación de una sucursal en un Marketplace. Esto te permitirá medir los gustos y adaptar los productos para cada mercado y tipo de cliente sin una inversión significativa.

4. *Respeto por las Culturas Locales:*

Respeta las connotaciones culturales de los colores y evita el uso de colores que puedan ser ofensivos o inapropiados en una región específica. La sensibilidad cultural es clave para el éxito internacional.

Productos Básicos

Cuando decides expandir tus ventas a mercados internacionales, una estrategia efectiva es comenzar con productos básicos y universales. Este enfoque te permite comprender mejor las preferencias y necesidades de tus clientes en el extranjero antes de ofrecer productos más especializados. En este libro, exploraremos la importancia de buscar lo básico al vender en mercados internacionales y cómo esta estrategia puede ayudarte a encontrar el éxito global.

Comprender las Diferencias Culturales

Uno de los desafíos clave al vender en mercados internacionales es lidiar con las diferencias culturales. Cada región del mundo tiene sus propias costumbres, tradiciones y preferencias. Lo que puede ser popular en tu país de origen puede no serlo en otros lugares. Para superar este desafío, es fundamental comenzar con productos básicos que sean universales y que tengan un atractivo generalizado.

Productos Básicos: ¿Por Qué son Importantes?

Los productos básicos son aquellos que tienen una aplicación o utilidad generalizada en todas las culturas. Estos productos tienden a ser necesarios para el día a día de las personas, independientemente de su origen o ubicación geográfica. Aquí hay algunas razones por las cuales los productos básicos son esenciales en una estrategia de ventas internacionales:

1. Amplia Aceptación:

Los productos básicos suelen tener una amplia aceptación en todo el mundo. Esto significa que hay una demanda constante y estable para estos productos en diversos mercados.

2. Menos Dependencia de las Preferencias Culturales:

Los productos básicos no están vinculados a las preferencias culturales específicas. No importa dónde vivas, todos necesitan productos básicos como alimentos, ropa, productos de cuidado personal y más.

3. Facilitan la Entrada al Mercado:

Comenzar con productos básicos facilita la entrada al mercado internacional. Estos productos son una puerta de entrada que te permite comprender mejor el mercado y establecer una base de clientes.

4. Mayor Flexibilidad para la Diversificación:

Una vez que estableces una presencia con productos básicos, tienes la flexibilidad de diversificar tu oferta y expandirte hacia productos más especializados o personalizados.

Cómo Encontrar Productos Básicos Exitosos

La clave para encontrar productos básicos exitosos radica en la investigación de mercado y la adaptación a las necesidades del público objetivo en el extranjero. Aquí hay algunos pasos que puedes seguir:

1. Investigación de Mercado:

Investiga el mercado objetivo para comprender las necesidades y preferencias de los consumidores. Esto incluye el análisis de tendencias, la identificación de productos populares y la evaluación de la competencia local.

2. Encuesta y Retroalimentación:

Realiza encuestas y obtén retroalimentación directa de los consumidores locales. Pregunta sobre sus necesidades y expectativas con respecto a los productos básicos que estás considerando.

3. Adaptación Cultural:

Adapta tus productos básicos a las diferencias culturales. Esto puede incluir ajustes en el empaque, el diseño o incluso el contenido de los productos.

4. Prueba y Ajuste:

Introduce tus productos básicos en el mercado de manera gradual y observa cómo responden los clientes. A partir de esta retroalimentación, realiza ajustes si es necesario.

Ejemplos de Productos Básicos Universales

- Alimentos Básicos: Productos como arroz, pasta, aceite de cocina y productos enlatados son esenciales en la dieta de muchas culturas.

- Ropa Básica: Ropa como camisetas, pantalones vaqueros y prendas de vestir simples son universales y necesarias en todos los armarios.

- Productos de Cuidado Personal: libros como jabón, champú y cepillos de dientes son productos básicos que todos usan.

- Productos de Limpieza del Hogar: Productos como detergente, limpiadores multiusos y papel higiénico son esenciales en todos los hogares.

Vende Productos de Otros

Conquista Mercados Internacionales

Explorar nuevos mercados internacionales puede ser emocionante y lucrativo, pero también puede ser un desafío costoso y riesgoso si no se hace correctamente. Una estrategia inteligente para probar las aguas en mercados extranjeros es a través del modelo de negocio de Dropshipping. En este libro, exploraremos cómo vender productos de otros a través del Dropshipping te permite conocer nuevos mercados de manera rentable y efectiva.

¿Qué es el Dropshipping?

El Dropshipping es un modelo de negocio en el que tú, como vendedor, no tienes que mantener un inventario físico de productos. En su lugar, colaboras con proveedores y mayoristas que se encargan de almacenar, empacar y enviar los productos directamente a los clientes en tu nombre. Tú, como dueño de la tienda en línea, solo te enfocas en la promoción y venta de los productos.

Ventajas del Dropshipping

El Dropshipping ofrece varias ventajas significativas, especialmente cuando se trata de expandirse a mercados internacionales:

1. Baja Inversión Inicial:

Una de las mayores ventajas del Dropshipping es que no necesitas invertir grandes sumas de dinero en inventario. Esto reduce significativamente el riesgo financiero, especialmente cuando te aventuras en nuevos mercados.

2. Amplia Selección de Productos:

Puedes elegir entre una amplia gama de productos de los proveedores sin tener que comprometerte con un solo nicho. Esto te brinda flexibilidad para probar diferentes categorías de productos y adaptarte a las preferencias de tu mercado objetivo.

3. *Acceso a Mercados Globales:*

El Dropshipping te permite vender productos a nivel mundial sin la necesidad de tener una presencia física en el extranjero. Puedes expandirte a nuevos países y regiones de manera efectiva.

4. *Enfoque en Marketing y Ventas:*

Al no preocuparte por el inventario y el envío, puedes enfocarte en estrategias de marketing, branding y atención al cliente, lo que puede ser crucial para tu éxito en mercados internacionales.

Cómo Empezar con el Dropshipping Internacional

1. *Investigación de Mercado:*

Antes de elegir productos o proveedores, realiza una investigación exhaustiva de mercado en el país o región que deseas conquistar. Comprende las necesidades, preferencias y comportamientos de los consumidores locales.

2. *Selecciona Proveedores Confiables:*

Elegir proveedores confiables es fundamental. Asegúrate de que ofrezcan productos de alta calidad y que tengan experiencia en el envío internacional.

3. Configura tu Tienda en Línea:

Elige una plataforma de comercio electrónico que sea adecuada para tu negocio de Dropshipping. Personaliza tu tienda y agrega los productos que deseas vender.

4. Estrategias de Marketing:

Desarrolla estrategias de marketing efectivas para llegar a tu público objetivo en el mercado internacional. Esto puede incluir publicidad en línea, marketing de contenidos y presencia en redes sociales.

5. Atención al Cliente:

Ofrece un excelente servicio al cliente y asegúrate de estar disponible para responder preguntas y resolver problemas de manera eficiente.

Recursos para el Dropshipping Internacional

Si estás interesado en aprender más sobre el Dropshipping y cómo aplicarlo en mercados internacionales, puedes consultar recursos como el libro 'La Guía del Dropshipping'. Este libro proporciona información detallada sobre cómo comenzar y gestionar un negocio de Dropshipping y ofrece consejos específicos para vender en diversos países del mundo.

Sistema de Ventas para Mercados Internacionales

Después de haber explorado nuevos mercados internacionales, investigado las preferencias de los clientes y seleccionado productos básicos o populares, llega el momento crucial de preparar tu sistema de ventas. Este paso es esencial para expandir con éxito tu negocio a nivel global. En este libro, te guiaré a través de los pasos clave para preparar tu sistema de ventas y alcanzar el éxito en mercados internacionales.

1. Define tu Estrategia de Ventas Internacional

Antes de lanzarte al mercado internacional, es fundamental definir una estrategia de ventas sólida. Esto incluye:

a) Selección de Plataformas de Venta: Elige las plataformas de comercio electrónico o Market Places adecuadas para tu negocio. Investiga dónde se encuentra tu audiencia objetivo y asegúrate de tener presencia en esas plataformas.

b) Precios y Moneda: Establece políticas de precios y decide en qué moneda se mostrarán los precios. Considera la fluctuación de las tasas de cambio y cómo afectará tus márgenes de ganancia.

c) Logística y Envío: Planifica tu logística de envío internacional. Asegúrate de ofrecer opciones de envío confiables y asequibles para tus clientes en el extranjero.

d) Atención al Cliente: Diseña un plan sólido de atención al cliente que incluya tiempos de respuesta rápidos y un equipo que comprenda las necesidades culturales de tus clientes internacionales.

2. *Adaptación del Contenido y Marketing*

La adaptación del contenido y las estrategias de marketing son cruciales para atraer a clientes internacionales:

a) Traducción de Contenido: Si tu sitio web o listados de productos no están en el idioma del mercado objetivo, invierte en servicios de traducción profesional. El contenido de calidad en el idioma local genera confianza y credibilidad.

b) SEO Internacional: Optimiza tu sitio web y listados de productos para SEO internacional. Investiga las palabras clave locales y utiliza herramientas de SEO para aumentar tu visibilidad en los motores de búsqueda locales.

c) Publicidad Localizada: Utiliza publicidad en línea dirigida al público objetivo en el extranjero. Las redes sociales y las plataformas de anuncios te permiten llegar a audiencias específicas en diferentes regiones.

d) Cultura y Etiqueta: Investiga las normas culturales y las prácticas de etiqueta de tu mercado objetivo. Adaptar tu marketing a estas normas muestra respeto y aumenta la probabilidad de éxito.

3. *Gestiona la Logística y el Cumplimiento de Pedidos*

La gestión de la logística y el cumplimiento de pedidos es crucial para mantener a tus clientes satisfechos:

a) Proveedores y Almacenamiento: Colabora con proveedores confiables y almacena tu inventario de manera eficiente. Considera la posibilidad de utilizar centros de cumplimiento si es necesario.

b) Rastreo de Pedidos: Ofrece a tus clientes la capacidad de rastrear sus pedidos internacionalmente. Proporciona información de seguimiento clara y actualizada.

c) Cumplimiento de Regulaciones: Asegúrate de cumplir con las regulaciones aduaneras y de exportación e importación en los países a los que envías productos. Esto evitará retrasos y problemas legales.

4. *Monitoreo y Adaptación Constante*

Una vez que tu sistema de ventas internacional esté en funcionamiento, es importante monitorear y adaptarte constantemente:

a) Análisis de Datos: Utiliza herramientas analíticas para rastrear el rendimiento de tus ventas internacionales. Analiza las métricas clave, como conversiones, tasas de abandono de carritos y ventas por ubicación.

b) Retroalimentación del Cliente: Escucha atentamente a los comentarios de tus clientes internacionales. Sus opiniones te proporcionarán información valiosa para mejorar tu oferta y servicio.

c) Ajustes Estratégicos: No dudes en hacer ajustes en tu estrategia de ventas y marketing en función de los resultados y la retroalimentación. La flexibilidad es clave para el éxito internacional.

Tu Negocio más allá de las Fronteras

Los Primeros Pasos hacia el Mercado Internacional

Has logrado establecer un sistema de ventas exitoso en tu país o en América Latina, y las ventas fluyen de manera constante. Sin embargo, sientes que es el momento adecuado para explorar nuevos horizontes y llegar a mercados internacionales. La expansión internacional es un paso emocionante, pero también desafiante. En este libro, te guiaremos a través de los primeros pasos esenciales para llevar tu negocio más allá de las fronteras y entrar en el mercado internacional.

1. Evaluación de Preparación

Antes de embarcarte en la expansión internacional, es importante evaluar la preparación de tu negocio. Esto incluye:

a) Estabilidad en el Mercado Local: Asegúrate de que tu negocio esté en una posición sólida en tu mercado local o regional antes de expandirte. Un negocio estable es más capaz de enfrentar los desafíos que conlleva la expansión.

b) Recursos Disponibles: Considera si tienes los recursos financieros y humanos necesarios para gestionar una expansión internacional. Esto incluye presupuesto para marketing, personal multilingüe y capacidad logística.

c) Investigación de Mercado: Realiza una investigación exhaustiva de los mercados internacionales que te interesan. Comprende las tendencias, la competencia y las preferencias del consumidor en esos mercados.

2. *Selección de Mercados Objetivo*

No todos los mercados internacionales son iguales, y es importante seleccionar cuidadosamente los países o regiones que mejor se adapten a tu negocio. Algunos factores a considerar incluyen:

a) Idioma: Comenzar en países que hablen tu idioma nativo o que tengan un alto nivel de inglés puede facilitar la entrada en el mercado.

b) Preferencias del Consumidor: Investiga las preferencias del consumidor en los mercados objetivo. ¿Qué productos o servicios son populares? ¿Qué precios son aceptables?

c) Competencia: Evalúa la competencia en los mercados objetivo. ¿Quiénes son tus competidores? ¿Cuál es su posición en el mercado?

3. *Plataforma de Venta Internacional*

Una forma efectiva de ingresar a mercados internacionales es a través de plataformas de venta en línea o Market Places extranjeros. Algunas opciones populares incluyen:

a) Amazon: La gigantesca plataforma de comercio electrónico tiene presencia en varios países y puede ofrecer una audiencia global.

b) eBay: eBay también es una opción global que permite a los vendedores llegar a un público internacional diverso.

c) Market Places Locales: Investiga los Market Places locales en los países de destino. Por ejemplo, Alibaba es un líder en el mercado chino.

4. *Creación de una Tienda en Línea o Boutique en el Extranjero*

Una vez que hayas seleccionado la plataforma adecuada, es hora de crear una tienda en línea o boutique en el extranjero. Esto implica:

a) Traducción de Contenido: Si el idioma es diferente, asegúrate de traducir todo el contenido de manera profesional. Un sitio web o listado de productos en el idioma local genera más confianza.

b) Adaptación de Precios: Considera la adaptación de precios para reflejar las condiciones del mercado local y las tasas de cambio.

c) Logística Internacional: Establece una logística de envío eficiente que pueda manejar entregas internacionales.

5. *Prueba y Aprendizaje*

La expansión internacional es un proceso de aprendizaje continuo. Comienza con una oferta de productos o servicios limitada y analiza el rendimiento. A medida que obtengas experiencia y confianza en el mercado, puedes expandir tu oferta.

Resumen sobre Market Places

1. *Marketplaces - Expande tu Negocio*

Los marketplaces extranjeros ofrecen una oportunidad emocionante para expandir tu negocio más allá de las fronteras nacionales. Aprovechar esta estrategia puede brindarte un mayor alcance, diversificación de ingresos y acceso a mercados emergentes. Sin embargo, es importante realizar una investigación exhaustiva y planificar cuidadosamente antes de aventurarte en el mercado internacional. ¡Piensa en grande, súmate a la globalización y comienza a vender en el extranjero!

2. *Un Centro Comercial Virtual*

Un Marketplace es como un centro comercial virtual que ha revolucionado la forma en que compradores y vendedores interactúan en línea. Ofrece una plataforma eficiente para llegar a una audiencia global, reducir costos y aumentar la confianza del cliente. Como vendedor, aprovechar esta oportunidad puede ser una estrategia inteligente para expandir tu presencia en línea y aumentar tus ventas. La próxima vez que pienses en vender en línea, considera unirte a un Marketplace y aprovecha todo lo que tiene para ofrecer. Si estás buscando nuevas formas de expandir tu negocio en línea, ¡un Marketplace podría ser la respuesta que estás buscando!

3. *Aprovecha estas Oportunidades*

Los Marketplaces son una fuente inagotable de oportunidades para los vendedores en línea. Encontrar tus mercados ideales dentro de estas plataformas es esencial para maximizar tu éxito. Al comprender las características únicas de cada Marketplace y desarrollar una estrategia efectiva, puedes aumentar tus ventas y expandir tu presencia en línea de manera significativa. Recuerda que no vale la pena vender en un Marketplace en castellano si tu Sistema de Ventas ya cubre ese mercado. En cambio, considera la posibilidad de comenzar a vender en mercados internacionales que no hablen español para aprovechar al máximo estas oportunidades globales.

4. *Tus Sucursales Virtuales*

Crear sucursales en Marketplaces internacionales es una estrategia poderosa para expandir tu negocio más allá de las fronteras nacionales. Sin embargo, es importante abordar este proceso con una planificación cuidadosa y una comprensión sólida de tus capacidades y recursos. Al hacerlo, puedes aprovechar al máximo el potencial de los Marketplaces y llevar tu negocio a nuevas alturas en el mercado global.

5. Vendiendo en el Extranjero

Vender en Marketplaces internacionales es una oportunidad emocionante para expandir tu negocio, pero también presenta desafíos únicos. Conocer y respetar las costumbres locales es esencial para superar estos desafíos y maximizar tu éxito en estos mercados diversificados. Aprovecha la diversidad cultural como una ventaja y utiliza tu conocimiento para ofrecer una experiencia de compra excepcional y relevante para tus clientes internacionales. En última instancia, vender en Marketplaces internacionales es más que expandir tu negocio: es una oportunidad para sumergirte en otras culturas y crecer como empresario.

6. Adapta tu Negocio a Otros Idiomas Fácilmente

No saber otros idiomas ya no es una barrera para el éxito en el comercio electrónico global. Con la ayuda de servicios de traducción en línea asequibles y profesionales, puedes expandir tu negocio y llegar a audiencias internacionales de manera efectiva. Aprovecha estas herramientas y los Marketplaces para comenzar tu viaje hacia el comercio electrónico internacional y llevar tus productos o servicios a un público diverso y global. ¡El mundo es tu mercado potencial!

7. *Lo Exótico es Relativo*

La noción de 'exótico' desempeña un papel crucial en el comercio internacional. Al comprender cómo perciben lo exótico tus futuros clientes en mercados internacionales, puedes adaptar tu estrategia de ventas y tu oferta de productos o servicios de manera efectiva. La investigación de mercado, la participación en grupos de discusión y la adaptación a los modos de pago locales son aspectos esenciales para el éxito en estos mercados diversos.

Recuerda que lo que es común para ti puede ser exótico y emocionante para otros. Aprovecha esta perspectiva cultural para ofrecer a tus clientes internacionales una experiencia única y relevante. La adaptación a la noción de 'exótico' puede abrir puertas a nuevas oportunidades en el mercado global y ayudarte a alcanzar el éxito en el comercio internacional.

8. Adapta tus Productos a Culturas Diferentes

Configurar tus productos para el éxito internacional implica comprender y adaptarse a las diferencias culturales en las preferencias de color y estilo. Las percepciones de lo que es atractivo y apropiado pueden variar ampliamente en diferentes partes del mundo. La investigación de mercado, la flexibilidad en el diseño y la sensibilidad cultural son elementos esenciales para tener éxito en mercados internacionales.

Recuerda que lo que puede parecer normal en una región puede ser exótico o inapropiado en otra. Aprovecha estas diferencias culturales como una oportunidad para ofrecer productos adaptados y relevantes en mercados internacionales. La adaptación cuidadosa de tus productos te ayudará a ganar la confianza y la aceptación de los clientes internacionales y a expandir tu negocio de manera efectiva en todo el mundo.

9. Vende Productos Básicos al Principio

Enfocar tus ventas internacionales en productos básicos es una estrategia inteligente que te permite comprender mejor las necesidades y preferencias de tus clientes en el extranjero. Los productos básicos tienen una amplia aceptación y proporcionan una base sólida para expandir tu presencia en el mercado internacional. A medida que te adaptes y comprendas mejor las diferencias culturales, tendrás la oportunidad de diversificar tu oferta y encontrar un éxito sostenible en todo el mundo.

Recuerda que encontrar lo básico es solo el primer paso en tu viaje hacia el éxito internacional. A medida que construyas relaciones con clientes y adaptes tu estrategia, podrás expandir tu negocio y ofrecer productos más especializados que satisfagan las necesidades únicas de cada mercado.

10. El Dropshipping a Nivel Internacional

El Dropshipping es una estrategia efectiva para conquistar mercados internacionales sin asumir grandes riesgos financieros. Te permite vender productos de otros y expandirte a nuevas regiones de manera ágil y rentable. Con una investigación sólida y un enfoque en la calidad del servicio al cliente, puedes aprovechar al máximo este modelo de negocio y encontrar el éxito en el comercio internacional.

Recuerda que el Dropshipping requiere esfuerzo y dedicación, pero con la estrategia adecuada y el compromiso de brindar valor a tus clientes, puedes construir un negocio exitoso y globalmente competitivo.

11. *Un Sistema de Ventas Internacional*

Preparar tu sistema de ventas para conquistar mercados internacionales es un paso fundamental en la expansión global de tu negocio. Con una estrategia bien definida, adaptación cultural y atención al cliente excepcional, puedes superar los desafíos y aprovechar las oportunidades en el comercio internacional. Mantén un enfoque constante en la mejora y la adaptación, y estarás en el camino correcto para alcanzar el éxito en mercados internacionales.

12. *Más allá de las Fronteras*

Expandir tu negocio más allá de las fronteras es un emocionante viaje lleno de oportunidades y desafíos. Con una evaluación cuidadosa, una selección de mercado estratégica y una presencia en línea bien planificada, puedes dar los primeros pasos hacia la expansión internacional. Mantén una mentalidad abierta para aprender y adaptarte a medida que avanzas en tu camino hacia el mercado internacional.

Consideraciones y Recomendaciones

Al expandir tu negocio a nivel nacional o internacional, es esencial tener en cuenta una serie de consideraciones clave y seguir algunas recomendaciones fundamentales. Estos elementos pueden marcar la diferencia entre el éxito y el fracaso en el mundo del comercio electrónico y las ventas en línea. En este libro, exploraremos varios temas cruciales que debes tener en mente para asegurar la prosperidad de tu negocio y cómo puedes implementar estrategias efectivas para alcanzar tus metas.

1. Encuentra tu Pasión y Especialízate

Uno de los consejos más importantes es trabajar en un sector que te apasione y en el que tengas conocimiento. Si te encantan los perfumes, enfoca tu negocio en ese sector en lugar de tratar de abarcar demasiados campos diferentes. La especialización te permite destacar en un área específica y construir una reputación sólida.

2. Comunicación Clara y Efectiva

La comunicación es clave en cualquier negocio. Asegúrate de que tu mensaje sea claro y efectivo para tus clientes. Esto incluye la redacción de descripciones de productos claras y atractivas, proporcionar información precisa sobre precios y políticas de envío, y estar disponible para responder a las preguntas de los clientes de manera oportuna.

3. SEO: Optimización para Motores de Búsqueda

La optimización para motores de búsqueda (SEO) es esencial para que tu negocio en línea sea visible en los resultados de búsqueda. Investiga palabras clave relevantes para tu nicho y optimiza tu sitio web y contenido para que aparezcan en las búsquedas de los usuarios. Considera la posibilidad de contratar a un profesional de SEO si no tienes experiencia en este campo.

4. Interacciones entre Varias Plataformas

Hoy en día, es común que los negocios utilicen múltiples plataformas para llegar a sus clientes, como redes sociales, sitios web y Market Places. Asegúrate de que todas estas plataformas estén interconectadas y brinden una experiencia coherente al cliente.

Mantén una presencia activa en las redes sociales y utiliza estrategias de marketing que complementen tu sitio web o tienda en línea.

5. Entiende las Tendencias del Mercado

Los mercados en línea están en constante evolución. Mantente al tanto de las tendencias emergentes en tu industria y adáptate a medida que cambien las preferencias de los consumidores. Esto puede implicar la incorporación de nuevos productos o servicios, la actualización de tu sitio web o la adopción de estrategias de marketing innovadoras.

6. Atención al Cliente de Calidad

La atención al cliente es un factor determinante en la satisfacción del cliente y la lealtad a la marca. Trata a tus clientes con amabilidad, resuelve sus problemas de manera eficiente y asegúrate de que tengan una experiencia positiva en cada interacción. Las opiniones positivas de los clientes pueden ser una herramienta poderosa para atraer nuevos negocios.

7. Establece Metas Claras

Define metas claras para tu negocio en línea. Establece objetivos financieros, de crecimiento y de expansión internacional. Tener metas te proporcionará una dirección clara y te ayudará a medir tu progreso a lo largo del tiempo.

8. *Mantén la Calidad*

La calidad de tus productos o servicios es fundamental para el éxito a largo plazo. No sacrifiques la calidad en busca de mayores márgenes de beneficio. Los clientes satisfechos son más propensos a volver y a recomendar tu negocio a otros.

9. *Evalúa y Aprende de tus Errores*

Los errores son inevitables en el mundo empresarial. En lugar de temerlos, abraza la oportunidad de aprender de ellos. Lleva un registro de lo que funciona y lo que no, y ajusta tu estrategia en consecuencia. Los errores pueden ser valiosas lecciones que te ayuden a mejorar tu negocio.

10. *Mantén un Ojo en la Competencia*

La competencia en línea puede ser feroz. Mantén un ojo en lo que hacen tus competidores y busca oportunidades para diferenciarte. Esto puede incluir la oferta de productos únicos, la creación de contenido excepcional o la mejora de la experiencia del cliente.

Estrategias de Comunicación

La comunicación desempeña un papel fundamental en el éxito de cualquier negocio en línea. Es la forma en que te conectas con tus clientes, promocionas tus productos o servicios y construyes una marca sólida. En este libro, exploraremos una serie de estrategias de comunicación efectiva que pueden ayudarte a impulsar tu negocio en línea y llegar a un público más amplio. Desde la creación de boletines de prensa hasta la inversión en publicidad en línea, descubrirás cómo aprovechar al máximo estas herramientas para aumentar tus ventas y la visibilidad de tu negocio.

1. Boletines de Prensa: Una Fuente de Comunicación Impactante

Los boletines de prensa son una excelente forma de comunicarte con tu audiencia y obtener cobertura mediática. Escribe comunicados de prensa que destaquen los aspectos más interesantes de tu negocio, como lanzamientos de nuevos productos, eventos especiales o logros significativos. Luego, publícalos en plataformas especializadas de distribución de noticias para que lleguen a periodistas y medios de comunicación interesados en tu industria.

2. Anuncios Clasificados: Aprovecha una Vía Subutilizada

Los anuncios clasificados son una vía de comunicación que a menudo se pasa por alto. Publica anuncios clasificados en sitios web relevantes para tu industria o productos. Esto puede ayudarte a llegar a un público específico que busca productos o servicios como los tuyos. Aprovecha esta oportunidad para destacar los aspectos únicos de tu negocio y atraer la atención de posibles clientes.

3. Contenido de Calidad: La Clave del Éxito en Línea

Crear contenido de calidad es esencial para atraer y retener a tu audiencia. Escribe libros informativos y útiles sobre los productos que vendes y compártelos en otros sitios web o blogs relacionados con tu nicho. Asegúrate de incluir enlaces que dirijan a los lectores a la página de tu producto en tu sitio web. Esta estrategia no solo te ayudará a comunicar información valiosa, sino que también mejorará tu posicionamiento en los motores de búsqueda.

4. Publicidad en Google: Inversión en Visibilidad

Las campañas de publicidad en Google, como Google Ads, pueden ser una inversión poderosa para aumentar la visibilidad de tu negocio en línea.

Configura anuncios específicos que se dirijan a tu público objetivo y establece un presupuesto diario. Esta estrategia te permite llegar a usuarios que están buscando activamente productos o servicios como los tuyos, lo que puede generar un aumento significativo en las conversiones y las ventas.

5. *Mini Páginas Especializadas: Destaca tus Productos Estrella*

Considera la posibilidad de crear mini páginas en portales o sitios web donde puedas destacar un solo producto estrella de tu negocio. Estas páginas deben ofrecer información detallada sobre el producto, imágenes de alta calidad y una llamada a la acción clara que invite a los usuarios a visitar tu tienda en línea. Esta estrategia puede ayudarte a destacar productos específicos y generar interés.

6. *Compra de Dominios Relevantes: Aumenta tu Presencia en Línea*

Adquirir varios dominios que contengan palabras clave relacionadas con tu negocio puede ser beneficioso para tu estrategia de comunicación en línea. Por ejemplo, si vendes camisas masculinas, considera comprar el dominio 'camisas-masculinas.com'. Utiliza estos dominios para crear mini catálogos con los productos que ofreces en tu tienda en línea. Esto no solo aumentará tu presencia en línea, sino que también mejorará tu visibilidad en los motores de búsqueda.

Interacción Multicanal

Potenciando la Experiencia del Usuario en el Comercio Electrónico

En la era del comercio electrónico, la experiencia del usuario (UX) juega un papel crucial en la toma de decisiones de compra y en la fidelización de clientes. Una estrategia efectiva para mejorar la UX es la implementación de la interacción multicanal en tu tienda en línea. En este libro, exploraremos en detalle cómo la interacción multicanal puede potenciar la experiencia de tus visitantes y, en última instancia, impulsar tus ventas en línea.

¿Qué es la Interacción Multicanal?

Antes de adentrarnos en cómo la interacción multicanal puede beneficiar tu comercio electrónico, es esencial comprender qué implica este concepto. La interacción multicanal se refiere a la integración de múltiples plataformas y canales en tu estrategia en línea. En lugar de depender de un solo canal o plataforma para interactuar con tus visitantes, esta estrategia aprovecha una variedad de medios y servicios para crear una experiencia rica y atractiva.

Beneficios de la Interacción Multicanal en el Comercio Electrónico

1. *Experiencia de Usuario Mejorada*

Uno de los beneficios más significativos de la interacción multicanal es la mejora de la experiencia del usuario. Cuando un visitante llega a tu tienda en línea, no solo busca productos o servicios, sino una experiencia completa y agradable. Al incorporar elementos como un diseño atractivo, navegación eficaz y contenido multimedia, como videos y podcasts, puedes crear una experiencia de usuario que supere las expectativas y fomente la retención.

2. *Aumento de la Retención de Clientes*

La retención de clientes es fundamental para el éxito a largo plazo de tu comercio electrónico. La interacción multicanal permite construir relaciones más sólidas con tus clientes. Al proporcionar contenido útil y entretenido a través de múltiples canales, mantienes a tus clientes interesados y comprometidos. Esto disminuye la probabilidad de que busquen alternativas y fomenta la lealtad a tu marca.

3. *Ampliación del Alcance*

Cada canal utilizado en la interacción multicanal tiene su propio público y alcance. Al aprovechar una variedad de canales, puedes llegar a una audiencia más amplia y diversa. Por ejemplo, si utilizas podcasts para compartir contenido relacionado con tus productos, llegarás a personas que prefieren el formato de audio, mientras que los videos pueden atraer a un público visual. Esto aumenta las posibilidades de atraer nuevos clientes.

4. *Mayor Conversión*

Una experiencia de usuario mejorada y una retención de clientes efectiva contribuyen directamente a una mayor tasa de conversión. Cuando los visitantes se sienten cómodos y satisfechos en tu tienda en línea, es más probable que realicen compras. Además, la interacción multicanal te brinda la oportunidad de dirigir a los visitantes a páginas de productos específicos, aumentando las posibilidades de que tomen medidas.

Cómo Implementar la Interacción Multicanal

Ahora que comprendemos los beneficios, es importante saber cómo implementar la interacción multicanal en tu comercio electrónico. Aquí hay algunas estrategias clave:

1. Diseño Atractivo y Navegación Eficiente

Comienza por garantizar que tu sitio web tenga un diseño atractivo y una navegación eficiente. Los visitantes deben sentirse cómodos al explorar tu tienda en línea y encontrar lo que buscan fácilmente. Un diseño limpio y atractivo mejora la impresión general.

2. Contenido Multimedia

Incorpora contenido multimedia, como videos y podcasts, en tu sitio web. Estos formatos permiten una presentación visual y auditiva de tus productos o servicios, lo que puede ser más convincente que el texto solo. Asegúrate de que el contenido sea relevante y de alta calidad.

3. Páginas de Error Personalizadas

En lugar de mostrar una página de error genérica, crea páginas de error personalizadas que ofrezcan opciones útiles a los visitantes. Dirígelos a otras partes de tu sitio, como tu catálogo de productos o tus webinars, para evitar que abandonen tu tienda en línea debido a una experiencia negativa.

4. Email Marketing Multicanal

Utiliza estrategias de email marketing que integren múltiples canales. Envía correos electrónicos que incluyan enlaces a tus redes sociales, videos promocionales o contenido de blog relacionado con tus productos. Esto fomentará la participación en varios frentes.

5. Colaboraciones y Alianzas Estratégicas

Considera colaboraciones y alianzas estratégicas con otros negocios o profesionales que compartan tu público objetivo. Organiza eventos conjuntos, webinars o campañas que aprovechen la audiencia de ambas partes.

Interacción entre Varias Plataformas

En la era digital, aprovechar al máximo las oportunidades de interacción entre varias plataformas es esencial para el éxito de tu negocio en línea. La sinergia entre diferentes canales de marketing y ventas puede aumentar significativamente la visibilidad de tu marca, atraer nuevos clientes y mejorar la retención de los existentes. En este libro, exploraremos estrategias efectivas para conectar y aprovechar diversas plataformas en beneficio de tu negocio en línea.

1. Mini Tienda en Facebook para Dirigir Tráfico a tu Tienda en Línea

Facebook es una de las redes sociales más populares, y puedes aprovechar su alcance masivo para impulsar tu tienda en línea. Crea una mini tienda en tu página de Facebook con enlaces a tus productos y categorías principales. Asegúrate de que los enlaces dirijan a los usuarios a tu tienda en línea para completar la compra. Esta estrategia no solo aumenta tu presencia en Facebook, sino que también canaliza el tráfico hacia tu sitio web principal.

2. Programas de Afiliados de Amazon y YouTube

Amazon ofrece un programa de afiliados que te permite ganar comisiones por cada venta realizada a través de tus enlaces de afiliado. Integra enlaces de afiliado de productos relacionados con tu nicho en tus videos de YouTube. Cuando los espectadores hagan clic en esos enlaces y realicen compras en Amazon, ganarás comisiones. Esta estrategia combina contenido atractivo en YouTube con ingresos adicionales de afiliados.

3. *Venta de Productos en eBay desde Amazon*

Una estrategia interesante es vender productos en eBay que puedas comprar a un precio más bajo en Amazon. Aprovecha la diferenciación de precios entre las dos plataformas para obtener ganancias. Sin embargo, asegúrate de que los productos que vendas en eBay estén en excelentes condiciones y ofrezcan un valor real a los compradores para mantener una buena reputación en ambas plataformas.

4. *Conexión con Servicios de Google*

Google ofrece una variedad de servicios poderosos que pueden ayudarte a mejorar la visibilidad de tu negocio en línea. Conecta tu tienda en línea con Google Analytics, Google Search Console, Google My Business y Google Ads. Estos servicios te brindarán información valiosa sobre el rendimiento de tu sitio web, palabras clave importantes y oportunidades para mejorar tu presencia en línea.

5. *Publicación de Libros en Amazon con Enlaces a tu Tienda en Línea*

Si eres un experto en tu nicho, considera escribir libros electrónicos relacionados con tu área de interés y publicarlos en Amazon Kindle Direct Publishing (KDP). En tus libros, incluye enlaces de referencia a tu tienda en línea. Esto puede atraer a lectores interesados en tu temática y dirigirlos a tu tienda para obtener productos relacionados.

6. *Videos de Producto en Situación Real en YouTube*

Crea videos de productos en los que se muestren tus productos en situaciones reales. Demuestra cómo funcionan, sus características y beneficios. Publica estos videos en tu canal de YouTube y asegúrate de que incluyan enlaces directos a las páginas de productos correspondientes en tu tienda en línea. Esta estrategia permite a los compradores ver tus productos en acción antes de tomar una decisión de compra.

7. *Creación de Conexiones e Interacciones*

La clave para el éxito en la interacción entre varias plataformas es crear conexiones sólidas y fomentar interacciones continuas. Responde a los comentarios de tus seguidores en las redes sociales y participa activamente en las conversaciones en línea. Al conectar tus plataformas y mantener una presencia activa, puedes mantener a tus seguidores comprometidos y alentarlos a explorar tu tienda en línea.

Amplía tus Oportunidades de Ventas: Utiliza el Dropshipping

En el comercio electrónico, es esencial encontrar formas innovadoras de maximizar tus oportunidades de ventas. Una estrategia que ha ganado popularidad en los últimos años es el dropshipping. Esta técnica te permite ofrecer una amplia variedad de productos complementarios en tu tienda en línea sin tener que preocuparte por el inventario o la logística de envío. En este libro, exploraremos cómo puedes utilizar el dropshipping para expandir tu catálogo y aumentar tus ventas en línea.

¿Qué es el Dropshipping?

Para aquellos que no están familiarizados con el término, el dropshipping es un modelo de negocio en el que un minorista en línea vende productos, pero no los almacena físicamente. En cambio, cuando un cliente realiza un pedido, el minorista compra el producto directamente al proveedor, que luego se encarga de enviarlo al cliente. Esto elimina la necesidad de mantener un inventario costoso y simplifica en gran medida la cadena de suministro.

Ventajas del Dropshipping en el Comercio Electrónico

1. Variedad de Productos: Una de las principales ventajas del dropshipping es que puedes ofrecer una amplia variedad de productos en tu tienda en línea sin la necesidad de producirlos o comprarlos por adelantado. Esto te permite diversificar tu catálogo y satisfacer las necesidades de una audiencia más amplia.

2. Menos Riesgo Financiero: Al no tener que invertir en inventario, reduces significativamente el riesgo financiero. No te quedas con productos no vendidos ni con el costo de almacenamiento.

3. Escalabilidad: El dropshipping es altamente escalable. A medida que tu negocio crece, puedes agregar fácilmente nuevos productos y ampliar tu oferta sin preocuparte por la gestión del inventario.

4. Flexibilidad: Puedes cambiar y ajustar tu selección de productos rápidamente según las tendencias del mercado y las preferencias de los clientes sin incurrir en grandes costos.

5. Enfoque en el Marketing: Al liberarte de las preocupaciones logísticas, puedes centrarte en estrategias de marketing efectivas para atraer a más clientes y aumentar tus ventas.

Cómo Integrar el Dropshipping en tu Tienda en Línea

Ahora que comprendes las ventajas del dropshipping, veamos cómo puedes integrarlo de manera efectiva en tu estrategia de comercio electrónico.

1. Encuentra Proveedores Confiables

El primer paso crucial es encontrar proveedores de dropshipping confiables y de calidad. Investiga y selecciona proveedores que ofrezcan productos de alta calidad, envío confiable y buen servicio al cliente. Algunos de los proveedores de dropshipping más conocidos incluyen SaleHoo, AliExpress y Oberlo.

2. *Selecciona Productos Relevantes*

Elige productos que sean relevantes y complementarios a tu nicho de mercado. Asegúrate de que estos productos encajen bien con tu marca y la experiencia de compra que deseas ofrecer a tus clientes.

3. *Configura tu Tienda en Línea*

Integra los productos de dropshipping en tu tienda en línea. Esto generalmente se hace a través de una plataforma de comercio electrónico como Shopify, WooCommerce o Magento. Configura los productos de manera que se muestren claramente en tu sitio web y se sincronicen con los precios y la disponibilidad del proveedor.

4. *Establece Precios Competitivos*

Dado que los productos de dropshipping pueden tener márgenes de beneficio más bajos, es importante que establezcas precios competitivos pero rentables. Calcula tus costos, incluido el costo del producto, el envío y tus gastos generales, y asegúrate de fijar precios que te permitan obtener ganancias.

5. Marketing y Promoción

Una vez que tengas tu selección de productos de dropshipping en línea, es hora de promocionarlos. Utiliza estrategias de marketing digital, como publicidad en redes sociales, marketing por correo electrónico y SEO, para atraer a más clientes a tu tienda y a tus productos de dropshipping.

6. Gestión de Pedidos y Servicio al Cliente

A medida que los pedidos comiencen a llegar, asegúrate de tener un proceso eficiente para gestionarlos. Comunícate de manera proactiva con tus proveedores de dropshipping para garantizar un procesamiento y envío sin problemas. Además, ofrece un excelente servicio al cliente para abordar las preguntas y preocupaciones de tus clientes.

Estrategias SEO

El SEO (Search Engine Optimization) es esencial para el éxito de tu tienda en línea. La optimización de motores de búsqueda te ayuda a mejorar tu visibilidad en línea y atraer tráfico orgánico de calidad a tu sitio web. En este libro, exploraremos estrategias SEO efectivas que puedes implementar para optimizar tu tienda en línea y aumentar tus posibilidades de éxito en el mundo del comercio electrónico.

1. *Utiliza WordPress y Woocommerce para Crear tu Tienda en Línea*

WordPress es una de las plataformas de gestión de contenido más populares y versátiles disponibles. Al utilizar WordPress en combinación con Woocommerce, una de las mejores soluciones de comercio electrónico, puedes crear una tienda en línea potente y fácil de administrar. Estas plataformas ofrecen una amplia gama de herramientas y complementos que facilitan la optimización de tu sitio web para motores de búsqueda.

2. *Selecciona una Plantilla Clásica de eCommerce*

Cuando elijas una plantilla para tu tienda en línea, opta por una opción clásica de eCommerce que sea fácil de navegar y esté diseñada específicamente para el comercio electrónico. Evita las plantillas demasiado elaboradas con una multitud de funcionalidades innecesarias, ya que pueden agregar partes de código que dificulten el acceso de los motores de búsqueda a tu sitio web. Una plantilla limpia y eficiente es más propicia para el SEO.

3. Utiliza Herramientas de Análisis

El seguimiento y análisis de datos son fundamentales para comprender el rendimiento de tu tienda en línea y ajustar tu estrategia de SEO en consecuencia. Utiliza herramientas como Google Analytics y Google Search Console para monitorear las interacciones de los internautas en tu sitio web. Estas herramientas te proporcionarán información valiosa sobre cómo los usuarios llegan a tu sitio, qué páginas visitan y cómo interactúan con tu contenido.

4. Crea Enlaces Externos de Calidad

Los enlaces externos, también conocidos como backlinks, son un componente crucial del SEO. Generar enlaces de calidad desde otros sitios web de referencia hacia tu tienda en línea puede mejorar significativamente tu clasificación en los motores de búsqueda. Busca oportunidades para colaborar con sitios web relacionados con tu industria o nicho y asegúrate de que los enlaces sean relevantes y naturales. Evita las prácticas de creación de enlaces no éticas, ya que pueden tener un impacto negativo en tu SEO.

5. Optimiza tu Contenido

El contenido de tu tienda en línea debe estar optimizado para motores de búsqueda y ser relevante para tu audiencia. Utiliza palabras clave relevantes en los títulos, descripciones de productos y páginas de categorías. Asegúrate de que tu contenido sea informativo, de alta calidad y fácil de entender. Evita el contenido duplicado y trabaja en mejorar la velocidad de carga de tu sitio web, ya que la velocidad también es un factor importante en el SEO.

6. Considera la Experiencia del Usuario

La experiencia del usuario desempeña un papel crucial en el SEO. Un sitio web fácil de navegar y con una estructura lógica mejorará la retención de usuarios y reducirá la tasa de rebote. Asegúrate de que tu tienda en línea sea compatible con dispositivos móviles, ya que cada vez más personas realizan compras en línea desde sus teléfonos inteligentes y tabletas.

Conclusión

Durante esta sesión de trabajo, hemos creado una serie de libros detallados y orientados al SEO, cada uno con un enfoque único en el mundo del comercio electrónico y las estrategias para expandir un negocio en línea. Desde la exploración de los Market Places y la adaptación a diferentes culturas hasta las estrategias de SEO, cada libro proporciona información valiosa y práctica para los emprendedores y propietarios de tiendas en línea.

Exploramos la noción de Market Place, brindando una comprensión clara de lo que son y cómo funcionan estas plataformas en línea. Luego, analizamos la importancia de conocer las costumbres y preferencias de los mercados extranjeros antes de ingresar a ellos, lo que es esencial para el éxito en ventas internacionales.

Además, exploramos estrategias de ventas como el Dropshipping y la creación de sucursales en Market Places extranjeros. También destacamos la importancia de preparar un sólido Sistema de Ventas que se adapte a un nuevo mercado antes de su implementación.

En las consideraciones finales y recomendaciones, subrayamos la importancia de elegir un nicho que te apasione y de utilizar estrategias de comunicación, SEO y conexión entre plataformas para optimizar tu presencia en línea.

En el último capítulo, detallamos estrategias específicas para la optimización de motores de búsqueda (SEO), como el uso de WordPress y Google Analytics, y cómo conectar tus plataformas y servicios de Google para una mejor indexación.

Resumen de las Recomendaciones

1. *Expande Tu Negocio*

Expandir y hacer prosperar tu negocio en línea implica una combinación de pasión, estrategia, atención al cliente y adaptación constante. Estas consideraciones y recomendaciones proporcionan un marco sólido para establecer y hacer crecer un negocio exitoso en el mundo del comercio electrónico y las ventas en línea. Mantén la atención en tus objetivos, aprende de tus experiencias y mantén la calidad y la atención al cliente en el centro de tu negocio.

2. *Cuida la Comunicación de Tu Negocio*

La comunicación efectiva desempeña un papel esencial en el éxito de cualquier negocio en línea. Utiliza estas estrategias para establecer una conexión sólida con tu audiencia, promocionar tus productos o servicios y aumentar tu visibilidad en línea. Ya sea a través de boletines de prensa, anuncios clasificados, contenido de calidad o publicidad en Google, estas herramientas te ayudarán a llegar a un público más amplio y a impulsar tu negocio en línea hacia el éxito.

3. *Interacción Multicanal*

La interacción multicanal es una estrategia poderosa para potenciar la experiencia del usuario en el comercio electrónico. Al combinar elementos de diseño atractivo, contenido multimedia, estrategias de email marketing y colaboraciones estratégicas, puedes crear una experiencia en línea memorable para tus visitantes. Aprovecha esta estrategia para mejorar la retención de clientes, aumentar las conversiones y llevar tu comercio electrónico al siguiente nivel.

4. *Conecta tus Plataformas*

Aprovechar las interacciones entre varias plataformas es fundamental para impulsar tu negocio en línea. Al implementar estrategias como la creación de mini tiendas en redes sociales, la participación en programas de afiliados, la venta cruzada en diferentes plataformas y la integración con servicios de Google, puedes maximizar tu visibilidad y aumentar las oportunidades de conversión. La interacción efectiva entre plataformas puede ser un motor poderoso para el crecimiento y el éxito continuo de tu negocio en línea.

5. Expande tu Negocio con el Dropshipping

El dropshipping es una estrategia poderosa para expandir tu catálogo y aumentar tus ventas en línea sin la carga de gestionar inventarios y logística de envío. Al seleccionar proveedores confiables, productos relevantes y establecer precios competitivos, puedes aprovechar al máximo esta técnica. Aprovecha el dropshipping para diversificar tu negocio y satisfacer las necesidades cambiantes de tus clientes en el competitivo mundo del comercio electrónico.

6. No descuides el SEO

La optimización de motores de búsqueda es esencial para el éxito de tu tienda en línea. Al seguir las buenas estrategias de SEO, puedes mejorar la visibilidad de tu sitio web, atraer tráfico de calidad y aumentar tus posibilidades de éxito en el competitivo mundo del comercio electrónico. Aprovecha las herramientas disponibles en línea y trabaja constantemente en la optimización de tu tienda en línea para obtener resultados duraderos y significativos. Al seguir los consejos y estrategias que indicamos en éste curso, los emprendedores pueden mejorar su visibilidad, llegar a nuevos mercados y tener éxito en el siempre competitivo mundo del comercio electrónico. La clave es adaptarse, aprender y aprovechar al máximo las oportunidades que brinda el comercio en línea.

Gracias

Bibliografía

Vista General del Comercio en Línea

1. 'E-commerce Evolved: The Essential Playbook to Build, Grow & Scale a Successful E-commerce Business' de Tanner Larsson: Este libro ofrece una visión completa de las estrategias de comercio electrónico y cómo hacer crecer un negocio en línea de manera efectiva.

2. 'Influence: The Psychology of Persuasion' de Robert B. Cialdini: Este libro proporciona información valiosa sobre cómo persuadir a los clientes en línea y crear páginas de ventas efectivas.

3. 'Contagious: How to Build Word of Mouth in the Digital Age' de Jonah Berger: Explora cómo crear contenido y productos que se vuelvan virales en línea, una estrategia importante para el crecimiento en el comercio electrónico.

4. 'DotCom Secrets: The Underground Playbook for Growing Your Company Online' de Russell Brunson: Este libro se centra en estrategias de marketing en

línea, incluido el email marketing, que son esenciales para el éxito en el comercio electrónico.

5. 'The Lean Startup: How Today's Entrepreneurs Use Continuous Innovation to Create Radically Successful Businesses' de Eric Ries: Aunque no se enfoca exclusivamente en el comercio electrónico, este libro ofrece consejos sobre cómo experimentar y adaptarse constantemente en el mundo digital.

6. 'YouTube Secrets: The Ultimate Guide to Growing Your Following and Making Money as a Video Influencer' de Sean Cannell y Benji Travis: Si planeas utilizar YouTube como parte de tu estrategia de marketing, este libro te proporcionará información valiosa.

7. 'The One-Person Business: Make Great Money. Work the Way You Like. Have the Life You Want.' de Elaine Pofeldt: Este libro presenta casos de éxito de pequeñas empresas en línea y cómo han logrado un gran éxito con estrategias efectivas.

8. 'E-commerce Get It Right!: Essential Step-by-Step Guide for Selling & Marketing Products Online' de Ian Daniel: Ofrece un enfoque paso a paso para crear y administrar una tienda en línea exitosa.

9. 'Contenido Inteligente: La Estrategia del Marketing de Contenidos' de Antonio Núñez: Este libro se enfoca en la creación de contenido valioso, un elemento esencial para el éxito en línea.

El Sistema de Ventas en el Comercio Electrónico

1. 'E-commerce Evolved: The Essential Playbook to Build, Grow & Scale a Successful E-commerce Business' de Tanner Larsson: Este libro aborda estrategias específicas para la construcción de un sistema de ventas efectivo en línea.

2. 'DotCom Secrets: The Underground Playbook for Growing Your Company Online' de Russell Brunson: Ofrece consejos prácticos sobre cómo optimizar las páginas de ventas y utilizar embudos de ventas en línea.

3. 'Influence: The Psychology of Persuasion' de Robert B. Cialdini: Este libro es fundamental para comprender cómo persuadir a los clientes en línea y crear estrategias de ventas efectivas.

4. 'Building a StoryBrand: Clarify Your Message So Customers Will Listen' de Donald Miller: Explora cómo contar una historia convincente en tus estrategias de ventas en línea para atraer a los clientes.

5. 'The Lean Startup: How Today's Entrepreneurs Use Continuous Innovation to Create Radically Successful Businesses' de Eric Ries: Proporciona una perspectiva sobre cómo iterar y mejorar constantemente tu sistema de ventas en línea.

6. 'Email Marketing Rules: Checklists, Frameworks, and 150 Best Practices for Business Success' de Chad S. White: Este libro se centra en estrategias efectivas de email marketing, que son esenciales para el sistema de ventas en línea.

7. 'Contenido Inteligente: La Estrategia del Marketing de Contenidos' de Antonio Núñez: Explora cómo utilizar contenido relevante y valioso en tu estrategia de ventas en línea.

Bases de Datos: El Tesoro Oculto del Comercio Electrónico

1. 'Database Marketing: Analyzing and Managing Customers' de Robert C. Blattberg, Byung-Do Kim, y Scott A. Neslin: Este libro aborda la importancia de la gestión de bases de datos en marketing y cómo utilizar los datos para comprender y gestionar a los clientes.

2. 'Data-Driven Marketing: The 15 Metrics Everyone in Marketing Should Know' de Mark Jeffery: Proporciona una visión detallada de las métricas clave que deben ser rastreadas y analizadas en marketing basado en datos.

3. 'Marketing Analytics: Data-Driven Techniques with Microsoft Excel' de Wayne L. Winston: Un libro práctico que explora cómo utilizar Microsoft Excel para analizar datos de marketing y tomar decisiones informadas.

4. 'Data Science for Business: What You Need to Know about Data Mining and Data-Analytic Thinking' de Foster Provost y Tom Fawcett: Este libro es una introducción sólida a los conceptos clave de la ciencia de datos y cómo se aplican en el mundo de los negocios y el marketing.

5. 'Big Data: A Revolution That Will Transform How We Live, Work, and Think' de Viktor Mayer-Schönberger y Kenneth Cukier: Un libro que explora el impacto del big data en diferentes aspectos de la sociedad, incluyendo el marketing y el comercio electrónico.

6. 'Data Smart: Using Data Science to Transform Information into Insight' de John W. Foreman: Ofrece consejos prácticos sobre cómo utilizar datos para

tomar decisiones más inteligentes en marketing y negocios.

7. 'Web Scraping with Python: A Comprehensive Guide to Data Collection Solutions' de Ryan Mitchell: Si estás interesado en la extracción de datos de la web, este libro te proporciona una guía detallada sobre cómo hacerlo utilizando Python.

El Poder del Email Marketing en el Comercio Electrónico

1. 'Email Marketing Rules: Checklists, Frameworks, and 150 Best Practices for Business Success' de Chad S. White: Este libro ofrece una visión completa de las mejores prácticas en email marketing y cómo aplicarlas para el éxito comercial.

2. 'Email Persuasion: Captivate and Engage Your Audience, Build Authority and Generate More Sales With Email Marketing' de Ian Brodie: Se enfoca en cómo utilizar el email marketing para cautivar a tu audiencia, construir autoridad y generar más ventas.

3. 'Contagious: How to Build Word of Mouth in the Digital Age' de Jonah Berger: Explora cómo hacer que tus correos electrónicos sean más compartibles y

virales, lo que puede tener un impacto significativo en el comercio electrónico.

4. 'The Ultimate Guide to Email Marketing Apps' de Zapier: Un recurso en línea que compara y revisa las principales herramientas de email marketing, lo que puede ayudarte a elegir la plataforma adecuada para tu negocio.

5. 'Email Marketing for Dummies' de John Arnold: Un libro de la serie 'For Dummies' que ofrece una introducción completa al email marketing, desde conceptos básicos hasta estrategias avanzadas.

6. 'Email Marketing: A Comprehensive Guide to Strategic Growth' de Sarah Moore: Este libro se centra en cómo utilizar el email marketing como parte de una estrategia de crecimiento más amplia para tu negocio en línea.

YouTube para tu Negocio: Una Guía Completa para el Éxito

1. 'YouTube Secrets: The Ultimate Guide to Growing Your Following and Making Money as a Video Influencer' de Sean Cannell y Benji Travis: Este libro es una guía completa sobre cómo aprovechar YouTube para aumentar tu audiencia y generar ingresos.

2. 'YouTube Marketing: Grow your Youtube Channel to 100,000 Subscribers in the First 6 Months' de Thomas Ross y Mark Hollister: Ofrece estrategias específicas para aumentar tus seguidores en YouTube y promocionar tu negocio.

3. 'Video Marketing for Dummies' de Kevin Daum, Bettina Hein y Matt Scott: Un libro de la serie 'For Dummies' que explora cómo utilizar el video marketing en plataformas como YouTube.

4. 'YouTube Secrets: The Ultimate Guide to Building a Channel, Audience and to Start Making Passive Income' de Justin Clark: Proporciona consejos sobre cómo crear un canal exitoso en YouTube y generar ingresos pasivos.

5. 'Ultimate Guide to YouTube for Business' de Jason R. Rich: Este libro se centra en cómo utilizar YouTube de manera efectiva para promocionar tu negocio y generar ventas.

Podcasts:

1. 'Podcasting for Dummies' de Tee Morris y Chuck Tomasi: Esta guía es perfecta para quienes desean comenzar con la creación de podcasts y necesitan una introducción completa al tema.

2. 'Podcast Launch: How to Podcast for Free with Web 2.0' de Jason Matthews: Ofrece consejos prácticos sobre cómo lanzar un podcast sin gastar mucho dinero en equipo y software.

3. 'The Podcast Host's Handbook: Making Great Shows for the Web' de Colin Gray: Proporciona consejos sobre cómo crear, lanzar y promocionar podcasts de alta calidad.

Webinars:

1. 'Webinars For Dummies' de Sharat Sharan y John Carucci: Este libro de la serie 'For Dummies' proporciona una introducción completa a la creación y ejecución de webinars efectivos.

2. 'The Webinar Way: The Single, Most Effective Way to Promote your Services, Drive Leads, Sell a Ton of Products, and Really Move People to Action' de Sherrie Rose y Marjorie Saulson: Explora estrategias avanzadas para aprovechar al máximo tus webinars.

Marketplaces: Expandiendo Tu Negocio Más Allá de las Fronteras

1. 'The Everything Guide to Selling Arts & Crafts Online: How to sell on Etsy, eBay, your storefront, and everywhere else online' de Kim Solga: Este libro se

centra en cómo vender productos en línea, incluyendo a través de marketplaces como Etsy y eBay.

2. 'Global E-commerce: Impacts of National Environmental Policies' de Dariusz Trzmielak: Este libro examina los desafíos y oportunidades para las empresas que buscan expandirse internacionalmente a través del comercio electrónico.

3. 'Marketplace Masters: How to select, manage, and multiply the channels you sell on' de Jason Boyce: Ofrece consejos prácticos sobre cómo seleccionar y gestionar marketplaces para el crecimiento de tu negocio.

4. 'The Global Marketplace: How to Identify and Develop Export Opportunities Worldwide' de Lawrence M. Friedman y Timothy M. Shaw: Proporciona información sobre cómo identificar oportunidades de exportación y expandir tus operaciones más allá de las fronteras.

5. 'Exporting: The Definitive Guide to Selling Abroad Profitably' de Laurel J. Delaney: Explora estrategias para vender productos y servicios en el mercado global de manera rentable.

Estrategias de Comunicación en Línea:

1. 'Digital Marketing for Dummies' de Ryan Deiss y Russ Henneberry: Ofrece una visión general de las estrategias de marketing digital, incluyendo la comunicación en línea.

2. 'Content Inc.: How Entrepreneurs Use Content to Build Massive Audiences and Create Radically Successful Businesses' de Joe Pulizzi: Explora cómo crear estrategias de contenido efectivas para llegar a tu audiencia en línea.

Interacción Multicanal:

3. 'Multi-Channel Marketing Ecosystems: Creating Connected Customer Experiences' de Markus Ståhlberg y Ville Maila: Este libro se centra en cómo crear experiencias conectadas para los clientes a través de múltiples canales de marketing.

SEO (Search Engine Optimization):

4. 'SEO 2023: Learn Search Engine Optimization with Smart Internet Marketing Strategies' de Adam Clarke: Ofrece una guía actualizada sobre estrategias de SEO para mejorar la visibilidad en línea.

5. 'The Art of SEO' de Eric Enge, Stephan Spencer, Jessie Stricchiola y Rand Fishkin: Este libro es una guía exhaustiva sobre SEO y cómo optimizar tu presencia en línea para los motores de búsqueda.

Acerca del Autor

Rubén Fox: Experto en Comercio Electrónico y Pedagogo Apasionado

Experiencia Pedagógica

Ha desempeñado roles como profesor en varias instituciones educativas, donde ha compartido su conocimiento y ha contribuido al desarrollo de programas de estudio innovadores.

- Universidad Pedagógica Veracruzana: Rubén ha sido profesor en esta institución, donde ha impartido cursos a nivel de licenciatura. Sus áreas de especialización incluyen Marketing Digital con énfasis en las Artes, así como Habilidades Digitales. Además de enseñar, Rubén también ha sido el creador y diseñador de los cursos para estas dos asignaturas, lo que demuestra su habilidad para desarrollar contenido educativo de alta calidad.

- Universidad Latinohispanoamericana: A nivel de maestría, Rubén ha contribuido a la educación superior como profesor en la Universidad

Latinohispanoamericana. Su asignatura 'Del Dato a la Información - Big Data' ofrece una visión profunda de este campo emergente. Al igual que en su trabajo anterior, Rubén ha sido el creador y diseñador de los cursos para esta asignatura.

Publicaciones

La contribución de Rubén Fox no se limita a la enseñanza; también ha compartido su conocimiento y experiencia a través de numerosas publicaciones. Algunos de sus libros más destacados incluyen:

- 'Las Armas Secretas del Comercio Electrónico': Un libro que explora estrategias y tácticas clave para el éxito en el comercio electrónico.

- 'La Guía del Dropshipping': Una obra que desglosa el modelo de negocio de dropshipping, proporcionando información valiosa para emprendedores y dueños de tiendas en línea.

- 'La Guía del Video Marketing': Este libro se sumerge en el mundo del video marketing, ofreciendo consejos prácticos y estrategias efectivas para aprovechar esta poderosa herramienta.

- 'Ganar Dinero con el eMailing': Una guía que aborda cómo aprovechar el email marketing de manera efectiva para impulsar las ventas y la promoción de productos.

- 'Estructuras Conversacionales para Robots': Un libro que explora cómo diseñar interacciones efectivas entre humanos y robots, un tema de creciente relevancia en la era digital.

- 'La Guía de la Creación de Contenido Escrito para la Web': En esta obra, Rubén comparte consejos para crear contenido escrito de alta calidad destinado a la web, un aspecto fundamental en el marketing digital.

- 'Consejos para Escribir Novelas': Una guía para aspirantes a escritores de novelas que desean perfeccionar sus habilidades narrativas.

- 'La Guía Rápida para Escribir un Libro': Un recurso práctico para aquellos que desean emprender la tarea de escribir y publicar un libro.

Rubén Fox es un profesional apasionado y comprometido; su experiencia, publicaciones y contribuciones educativas son un testimonio de su dedicación para compartir conocimiento y ayudar a otros a tener éxito en el mundo digital.

www.ingramcontent.com/pod-product-compliance
Lightning Source LLC
Chambersburg PA
CBHW072133290526
45794CB00004B/1302